CB048156

O enigma da fazenda

Copyright by © Petit Editora e Distribuidora Ltda., 2010

7-7-22-100-39.400

Coordenação editorial: **Ronaldo A. Sperdutti**
Assistente editorial: **Renata Curi**
Capa, projeto gráfico e editoração: **Ricardo Brito / Designdolivro.com**
Imagens da capa: **Jaroslaw Grudzinski, Rawlways
e Kyolshin / Dreamstime.com**
Preparação: **Maria Aiko Nishijima**
Revisão: **Maiara Gouveia**
Impressão: **Renovagraf**

**Dados Internacionais de Catalogação na Publicação (CIP)
(Câmara Brasileira do Livro, SP, Brasil)**

Carlos, Antônio (Espírito).
O enigma da fazenda / romance ditado pelo Espírito Antônio
Carlos ; psicografado pela médium Vera Lúcia Marinzeck de Carvalho. –
São Paulo : Petit, 2010.

ISBN 978-85-7253-183-2

1. Espiritismo   2. Psicografia   3. Romance espírita   I. Carvalho,
Vera Lúcia Marinzeck de.   II. Título.

10-01555

CDD: 133.93

Índices para catálogo sistemático:
1. Romances espíritas psicografados : Espiritismo   133.93

Direitos autorais reservados.
É proibida a reprodução total ou parcial, de qualquer forma
ou por qualquer meio, salvo com autorização da Editora.

(Lei nº 9.610, de 19 de fevereiro de 1998)

Traduções somente com autorização por escrito da Editora.

Impresso no Brasil.

Prezado(a) leitor(a),

Caso encontre neste livro alguma parte que acredita que vai interessar ou mesmo ajudar outras pessoas e decida distribuí-la por meio da internet ou outro meio, nunca deixe de mencionar a fonte, pois assim estará preservando os direitos do autor e, consequentemente, contribuindo para uma ótima divulgação do livro.

O ENIGMA DA FAZENDA

Romance ditado pelo Espírito
ANTÔNIO CARLOS

Psicografado pela médium
VERA LÚCIA MARINZECK DE CARVALHO

Av. Porto Ferreira, 1031 - Parque Iracema
CEP 15809-020 - Catanduva-SP
17 3531.4444
www.petit.com.br | petit@petit.com.br
www.boanova.net | boanova@boanova.net

CONFORME
NOVO ACORDO
ORTOGRÁFICO

Livros da médium
VERA LÚCIA MARINZECK DE CARVALHO

Da própria médium:

- *Conforto Espiritual*
- *Conforto Espiritual 2*

Psicografados:

Com o Espírito Antônio Carlos

- *Reconciliação*
- *Cativos e Libertos*
- *Copos que Andam*
- *Filho Adotivo*
- *Reparando Erros de Vidas Passadas*
- *A Mansão da Pedra Torta*
- *Palco das Encarnações*
- *Histórias Maravilhosas da Espiritualidade*
- *Muitos São os Chamados*
- *Reflexos do Passado*
- *Aqueles Que Amam*
- *O Diário de Luizinho* (infantil)
- *Novamente Juntos*
- *A Casa do Penhasco*
- *O Mistério do Sobrado*
- *O Último Jantar*
- *O Jardim das Rosas*
- *O Sonâmbulo*
- *Sejamos Felizes*
- *O Céu Pode Esperar*
- *Por Que Comigo?*
- *A Gruta das Orquídeas*
- *O Castelo dos Sonhos*
- *O Ateu*

Com o Espírito Patrícia

- *Violetas na Janela*
- *A Casa do Escritor*
- *Vivendo no Mundo dos Espíritos*

- *O Voo da Gaivota*

Com o Espírito Rosângela

- *Nós, os Jovens*
- *A Aventura de Rafael* (infantil)
- *Aborrecente, Não. Sou Adolescente!*
- *O Sonho de Patrícia* (infantil)
- *Ser ou Não Ser Adulto*
- *O Velho do Livro* (infantil)
- *O Difícil Caminho das Drogas*
- *Flores de Maria*

Com o Espírito Jussara

- *Cabocla*
- *Sonhos de Liberdade*

Com espíritos diversos

- *Valeu a Pena!*
- *O Que Encontrei do Outro Lado da Vida*
- *Deficiente Mental: Por Que Fui Um?*
- *Morri! E Agora?*
- *Ah, Se Eu Pudesse Voltar no Tempo!*

Livros em outros idiomas

- *Violets on the Window*
- *Violetas en la Ventana*
- *Violoj sur Fenestro*
- *Reconciliación*
- *Deficiente Mental: ¿Por Que Fui Uno?*
- *Viviendo en el Mundo de los Espíritus*
- *Fiori di Maria*

Sumário

petit
editora

1

O internato

PAULA OLHOU PARA O LADO E VIU aquela senhora. Era uma velha estranha, uma alma de outro mundo, uma morta. Aproximou-se mais da amiga Fátima e observou o espectro, a mulher estava vestida como das outras vezes.

"Não troca de roupa", pensou Paula.

O fantasma trajava um vestido comprido, preto com florzinhas discretas, usava um lenço no alto da cabeça, que deixava os cabelos desarrumados na frente. A garota prestou atenção no avental, grande, branco com rendas nas bordas. A senhora parecia acostumada a não ser vista por ninguém, andava entre as meninas, sorria às vezes ao escutá-las, pois elas estavam alegres, conversando assuntos próprios da idade. Às vezes, a senhora abaixava e parecia pegar uma fruta, mas não a pegava, já que a fruta continuava no chão.

Paula já tinha visto aquele fantasma outras vezes, sempre entre as árvores, mas nunca dentro do prédio. A primeira vez que a viu, sentiu tanto medo que ficou paralisada, sem conseguir se mexer. Ao contrário das outras aparições, esta a ignorava, não lhe dirigia a palavra, talvez não percebera que ela conseguia vê-la, ou realmente não queria se comunicar.

– Vou ver se acho alguma pera – falou Fátima.

– Irei com você! – exclamou Paula.

Aflita para sair dali, puxou a amiga, saíram do laranjal e foram para o outro lado. Paula olhou novamente para o local onde tinha visto a alma penada, mas não a viu mais; suspirou aliviada, resolveu esquecer a visão e participar da conversação animada das amigas. Não acharam peras, porém Paula não quis voltar às laranjeiras, foi esperar as colegas na trilha da saída. Mariana aproximou-se dela e ficaram conversando, esperando pelo grupo.

– Conta direito como aconteceu. Você viu mesmo um cometa? – Mariana, interessada, quis saber.

– E assim foi! – exclamou a garota, sorrindo, sonhadora. – Estava sentada aqui quando vi uma estrela cadente e fiz o pedido para passar as férias viajando.

A amiga, que a escutava atenta, acostumada com Paula que, sempre que contava algo, expressava-se com "assim foi", perguntou:

– Será que a estrela atende o impossível? Você quer viajar as férias todas?

Paula ia responder quando outras garotas aproximaram-se.

– Pegue esta bola! – alertou Cássia.

– Fabiana não pegou, e a tal bola, que era, de fato, uma laranja, bateu com força em sua cabeça, abrindo-se e sujando-a.

– Veja o que você me fez! – gritou Fabiana, alterada.

– Sujou porque é molenga! – Cássia se defendeu. – Se tivesse pegado, não estaria suja. E foi você quem começou a brincadeira.

Fabiana não se conformou e avançou sobre Cássia, lhe puxando os cabelos. Paula, como sempre que acontecia uma discussão, entrou no meio das duas, tentando acalmá-las.

– Parem! Não precisam se alterar pela brincadeira não ter dado certo. E não sabemos como a diretora nova, dona Nelisa, agirá diante de uma briga. É melhor se conterem.

– Será que essa diretora é muito enérgica? – perguntou Cássia.

– Querem ir, já no segundo dia dela aqui, para a diretoria? – indagou Mariana, séria.

– Não! – responderam as duas.

– Então peçam desculpas – aconselhou Paula.

– Fabiana, me desculpa – pediu Cássia –, não tive intenção de sujá-la, julguei que pegaria a laranja; você a jogou em mim e eu peguei.

– Julgou! – respondeu Fabiana, ainda nervosa. – Sempre esse "julgou" para atrapalhar. Não vamos brigar. Paulinha tem razão. Eu não quero ser o motivo de sabermos se a diretora é ou não enérgica. Está desculpada.

– A nova diretora deve ser enérgica, tomara que não seja muito – opinou Maria Isabel, suspirando. – Ninguém administra bem um estabelecimento se não tiver disciplina. Se cada um fizer o que quer, vira bagunça.

Paula ajudou Fabiana a se limpar, que seguiu na frente com Maria Isabel. Ficaram ela, Mariana e Cássia atrás. Estavam naquela tarde no pomar e deveriam voltar ao prédio da escola, à ala onde se localizava o alojamento das alunas que ali residiam no período escolar, o internato.

– Paula, não gosto da Fabiana, nós duas não combinamos – comentou Cássia, baixinho. Era para sermos amigas, afinal ela faz parte do "grupo das seis", as seis meninas que ficam sempre na escola e que em quase todas as férias permanecem aqui. Vou me formar no ano que vem, repeti duas séries por revolta e prejudiquei a mim mesma tendo de ficar mais tempo no internato. Você, minha amiga, é estudiosa, não repetiu, se formou e continua na escola.

— Terei de permanecer aqui até completar dezoito anos — informou Paula.

— E depois o que irá fazer? Para onde irá? — quis Mariana saber.

— Não sei — respondeu a garota. — Não saber de nada me causa inquietação, até um mal-estar. Sou órfã, estou aqui na escola internada desde os meus oito anos. Saí poucas vezes, em alguns feriados, para ficar em casas de amigas. Não tenho irmãos, ninguém.

— Tem seu tutor. Por que não escreve a esse senhor pedindo para passar as férias com ele? — perguntou Mariana.

— Já lhe escrevi três vezes sugerindo isso — respondeu Paula —, e as respostas são sempre as mesmas: que ele mora sozinho, em sua casa não há quarto de hóspede, que não tem paciência com crianças e adolescentes. Resumindo: não me quer por perto. Completei o curso que me deu o certificado para lecionar no Ensino Fundamental e mesmo assim assisto às aulas por não ter o que fazer, revejo matérias que sei de cor. Sei que conhecimento nunca é demais, mas me indago: esse estudo terá serventia? Terei como cursar uma universidade? Se tiver, que curso farei? O meu tutor continuará a me sustentar? Terei herança para receber? Não saber de nada me angustia.

— A antiga diretora — falou Cássia —, ainda bem que se aposentou, não se interessava pelos nossos problemas, mas essa é nova em idade e cargo, quem sabe ela não a ajuda a desvendar o mistério que a cerca? Você não se lembra de nada mesmo do que aconteceu com você antes de vir para cá?

— Tenho muito poucas lembranças — respondeu a garota. — E assim foi! Recordo que, ao chegar aqui, vim de carro, estava com um casaco rosa que era grande para mim, desci do veículo, não me despedi de ninguém, entrei e chorei. Uma professora, dona Mariazinha, me consolou. Minhas lembranças são somente daqui, brincadeiras e estudos. Às vezes, recordo-me de uma mulher me abraçando, acho que era minha mãe, mas não consigo lembrar como eram suas feições. Perguntei várias vezes à diretora, pois ela estava aqui naquela época e era professora, o que ela sabia sobre mim. Ela somente me respondeu que vim para cá acompanhada por uma babá, mas que não havia carinho entre nós, achou que a mulher veio somente me acompanhar. Essa mulher trouxe uma carta do meu tutor, me matriculando, e pagou em dinheiro o ano todo. E a cada início do ano letivo, meu tutor deposita na conta bancária da escola a anuidade, além de uma pequena quantia para meus gastos pessoais.

Paula fez uma pausa, as três sentaram num banco no jardim, a garota ficou triste por recordar. Cássia e Mariana estavam atentas, por isso ela continuou:

– O tutor deixou seu endereço, não mora longe, umas duas horas de carro, a diretora me afirmou que escrevia sempre a ele dando notícias minhas e do meu desempenho escolar. Quando ela me deu o endereço, escrevi a ele perguntando sobre meus pais. Sua resposta não foi diferente do que a diretora já havia me dito: meu pai morreu quando eu tinha seis anos, minha mãe faleceu um ano e oito meses depois, nenhum dos dois tinha parentes que pudessem ficar comigo, e ele, não podendo me criar, colocou-me no internato. Dos meus pais sei apenas os nomes. Perguntei a esse senhor numa outra carta se ele era meu parente. Respondeu-me que não e que somente conheceu meus pais. Indaguei também se eu tinha herança para receber, e ele afirmou que não, que o dinheiro que eu tinha era para pagar o internato até completar dezoito anos.

— Tudo muito estranho! — exclamou Cássia.

— Como ele podia ter certeza de que o dinheiro daria para pagar as mensalidades com data marcada? Nosso dinheiro não é estável, temos inflação, o colégio é tão caro! — comentou Mariana.

— A diretora disse que a escola é paga em dólar — explicou Paula.

— Moeda americana? Muito mistério! — exclamou Cássia.

— Mistério demais! — suspirou a garota. — Pior que ninguém explica, somente complica. Quando era pequena, acatei, depois fiquei curiosa; agora, estou preocupada. Saio daqui e vou para onde? O que farei? Como arrumar trabalho? Como irei sobreviver?

— Quando sair daqui, deve ir ao endereço desse tutor e obrigá-lo a lhe dizer o que realmente sabe — opinou Mariana.

— Se ele não quiser contar? — perguntou Paula.

— Pode usar tortura — respondeu Mariana.

— Tortura? Como? Amarrar o homem, e cortá-lo em pedaços? — indagou Paula. — Acho que ele é idoso.

— Isso mesmo, amarrá-lo, e sem esquecer de lhe tampar a boca. Eu ajudo você — falou Cássia.

— Não brinquem — pediu Paula. — Cássia, você ficará aqui alguns meses a mais que eu, e sua vida também poderá ser complicada.

— Poderá ser complicada, mas não há mistérios — respondeu Cássia. Tenho minha herança, a que minha mãe me deixou. Meu pai casou-se de novo e não me quis mais perto dele, colocou-me aqui com a desculpa de me dar uma boa instrução, e minha queridinha madrasta inventa sempre alguma desculpa ou viagem para não me receber nas férias. Vou sair do internato com dezoito anos e quero a minha fortuna, vou morar sozinha e ai do meu pai se não me devolver tudo. Meu tio, irmão de minha mãe, não liga para mim, mas se for para brigar com meu pai, ele me ajudará. Aí, quero que você, minha amiga, more comigo.

– Até você sair e resolver seus problemas, eu não terei para onde ir e o que fazer! – exclamou Paula, desolada.

– Vou ver se acho solução! Vou pensar! – falou Mariana, abraçando-a.

Paula olhou para a amiga, sabia que as soluções de Mariana eram complicadas, a garota não tinha problemas com a família e queria sempre ajudar as duas amigas, mas não conseguia E Cássia, tanto como ela, sentia-se sozinha, pois ainda era pequena quando perdeu a mãe. O pai casou-se novamente e a colocou no internato. Cássia tinha um irmão e uma irmã, filhos de seu pai com a segunda esposa, mas raramente os via. E, naquelas férias de verão, Cássia ficaria novamente na escola, o pai lhe escrevera dizendo que iriam viajar, passar as férias na casa dos pais da madrasta. Isso a deixou bastante sentida; ela era boa pessoa, mas, às vezes, sentia raiva do pai e muito rancor da madrasta. Tinha avô e um tio maternos, que também não se importavam com ela. Escutaram a sineta, o horário livre terminara. As três, em silêncio, subiram as escadas e entraram no prédio. A escola era enorme, tinha muitas salas, uma biblioteca espaçosa com muitos livros e a ala dos quartos. As meninas dirigiram-se para o dormitório.

– Paula! Cássia! Luciana foi conversar com a diretora e achou-a boa e educada – informou Maria Isabel.

– É verdade! – afirmou Luciana. – Meu pai escreveu dizendo que terei de passar as férias aqui novamente. Como vocês sabem, moro muito longe, a viagem é cara e demorada. Não posso ir sozinha, alguém tem de me buscar e trazer. E como logo estarei formada, ele prefere que eu fique aqui nestas férias.

Ela me chamou na diretoria para me dar a notícia. Eu chorei e dona Nelisa me consolou, foi gentil e atenciosa.

— Puxa! Que legal! — exclamou Fabiana. — Tomara que ela seja boa com todas nós. Eu, assim como você, Luciana, terei de ficar aqui nas férias. Saio pouco mesmo! Meus pais separaram-se, meu pai foi morar em outro país, e minha mãe raramente me vê, é meu avô que cuida de mim. Mas ele quer somente que eu tire boas notas e que esteja com saúde. Vovô acha que tenho de aproveitar os cursos de férias e me preparar para o futuro. Não sei para quê! Mas, enfim, sou menor de idade, ele manda e eu obedeço.

— O que você vai fazer quando se formar? — perguntou Inês para Fabiana.

— Não sei, vou tentar lecionar, arrumar emprego, quero morar sozinha. Meus familiares não me querem agora, e eu não vou querê-los depois. Quero casar e nunca mais vê-los.

— Não guarde rancor, Fabiana — aconselhou Paula. — Esse sentimento nos faz mal.

— É você quem diz ou é alguma alma? — perguntou Fabiana.

— Sou eu, não tenho visto mais almas — mentiu Paula.

— Acho, querida, que você nunca as viu, isso é impossível. Era fantasia de sua cabeça — comentou Inês.

— Acho que tem razão — concordou Paula.

Paula debruçou-se na janela, o dormitório ficava no segundo andar e a vista era bonita. Do lado esquerdo, uma montanha; à frente, a estrada, que, seguindo por uns dez quilômetros, dava numa rodovia que bifurcava; seguindo à direita, ia-se para uma cidade de porte médio; à esquerda, era caminho de muitas propriedades, chácaras e até sedes de fazendas.

— Não ligue, Paulinha — disse Fátima. — Inês não entende, mas eu acredito em você.

— E você entende? — indagou a mocinha, esperançosa.

— Não — respondeu Fátima. — Mas deve ter explicação. Um dia, se procurar, achará quem lhe explique esses fenômenos que ocorrem com você. O importante é que não ligue para os comentários.

Paula sorriu, a campainha tocou, o jantar seria servido; rapidamente, as garotas saíram do aposento, ela ficou para trás.

"Ainda bem que tenho amigas", pensou. "Gosto muito de Fátima, Mariana e Cássia, somos realmente unidas pela amizade. Amigas para sempre! Fátima terá razão? Será que um dia vou entender o que acontece comigo? Por que será que vejo e escuto almas?"

Também resolveu ir jantar, estava faminta. No refeitório, ouviu comentários sobre a nova diretora, uma garota de doze anos falava entusiasmada:

— Dona Nelisa foi muito educada comigo, ouviu meus problemas, deu uma opinião que achei genial, aconselhou-me, estou muito contente!

— Ela disse que quer falar com todas nós — comentou outra menina. — Quer nos conhecer e escutar o que cada uma tem a dizer. Vou falar com a diretora, quero explicar que tenho dificuldades para aprender matemática e que, embora estude, não consigo tirar nota boa.

— Ela me disse que vai me ajudar a não roer mais as unhas, conversou comigo sem criticar. Gostei dela! — informou Márcia, entusiasmada.

E nos dois dias seguintes as alunas só comentavam os conselhos que a nova diretora dava. Agora, tinham de marcar horário, e todas foram unânimes em afirmar: dona Nelisa era educada, compreensiva e aparentava querer ajudar mesmo. O internato era somente de garotas, e elas se sentiram, pela primeira vez, protegidas.

— Paula — sugeriu Mariana —, converse com ela, quem sabe dona Nelisa a ajude. Eu vou, quero saber se posso receber cartas do meu namorado.

— Não quero falar a mais ninguém que vejo almas — respondeu ela.

— Também acho que não deve falar, ela poderá deduzir que você é doente ou que mente, como pensava a outra diretora. Mas por que não fala de seu tutor, que continua no internato embora tenha completado o curso? Fale de sua preocupação: o que irá fazer ao sair do internato. Se ela está auxiliando todas as meninas, por que não pode ajudá-la?

— Você acha mesmo, Mariana, que devo ir falar com ela?

— Faça isso, marque um horário e vá conversar com dona Nelisa.

Paula marcou, seria atendida em três dias, pois a meninada, entusiasmada, queria os conselhos da nova diretora. Ela as atendia à tarde, das treze às vinte horas. Cada menina tinha vinte minutos para ficar em sua sala.

No horário marcado, lá estava Paula, esperando na antessala da diretoria. Ao ser chamada para entrar, sentiu um frio na barriga, até pensou em desistir.

Dona Nelisa aparentava ter uns quarenta anos, porque se vestia discretamente, para aparentar mais idade, mas Paula, ao vê-la de perto achou que tinha uns trinta e cinco anos. De fato, Nelisa tinha trinta e quatro anos. De porte médio, magra, olhos castanhos como os cabelos, que usava presos, num coque.

A nova diretora tinha um objetivo: conquistar as garotas. Particularmente, achava muito triste ver aquelas jovens internas tendo uma vida monótona e de muito estudo.

"Juventude é uma vez somente", pensava ela.

Nelisa, antes de atender as meninas, lia a ficha que cada aluna tinha, um histórico escolar.

"Além de ser muito organizada", pensou ela, "a outra diretora dava opinião pessoal sobre as alunas. Que absurdo! Paula... com problemas mentais porque pensa que vê fantasmas. Órfã, o tutor paga anualmente a escola. Tirando os distúrbios, ela é estudiosa e tem muitas amigas. Desde os oito anos mora no internato. Coitada! Todo esse tempo aqui!".

Sorriu ao cumprimentá-la:

— Boa tarde, Paula!

— Boa tarde — respondeu a aluna.

A garota acabou sorrindo, achou a diretora simpática, acomodou-se na poltrona à frente da escrivaninha e esperou.

— E então, meu bem, qual é o seu problema? Como posso ajudá-la?

— Problema? Não sei...

— Paula, claro que não sei o que irá me dizer, se você tem ou não problema. Mas é que todas vêm aqui por causa de um. Fale querida, como está você?

— Bem... — Paula então resolveu falar e o fez depressa. — Dona Nelisa, já me formei e continuo aqui porque somente poderei sair quando completar dezoito anos.

— Você está ansiosa para que isso aconteça, não é? Quer sair?

— Não, bem... acho que não. É esse o problema. Não sei para onde ir e o que fazer. Meu tutor não fala nada.

— Hum! — exclamou Nelisa baixinho.

A diretora olhou a ficha e releu-a. Ali estavam nome e endereço do tal tutor.

— Temos o endereço dele aqui.

– Eu também tenho, já lhe escrevi muitas vezes, pedi para passar uns dias com ele. Recusou, nem o conheço. Ele não responde com clareza às minhas indagações.

– Se é esse seu problema, eu resolvo! – disse Nelisa, com determinação. – Vou escrever hoje mesmo a esse senhor, convocando-o a lhe responder o que já perguntou. Se ele não quiser nos informar, vou apelar para o juizado de menores e ele terá de responder a todas as nossas perguntas, fará por bem ou perante o juiz. E, minha querida, se você não tiver para onde ir, eu arrumo. Professoras formadas aqui têm emprego garantido, consigo um emprego para você, onde morar e depois é só trabalhar e se sustentar. E se você tiver herança para receber, coloco o juiz a par, e esse tutor terá de lhe prestar contas. E pode ter certeza de que não será prejudicada, porque eu não deixarei!

Conforme Nelisa foi falando, Paula alegrou-se. Nunca ninguém se interessara pelo seu problema. Escutando-a, tudo lhe pareceu fácil e solucionável. Poderia trabalhar, não gostava muito de lecionar, mas seria o começo, iria se sustentar. Chorou emocionada e exclamou:

– Obrigada, senhora! Deus a abençoe! Quero muito que cuide de mim! Foi Deus que a colocou aqui.

Paula entusiasmou-se e levantou-se da poltrona.

– É isso, minha querida! Ânimo! – exclamou a diretora, tranquilamente. – Mas sente-se! Quero, além de ser diretora, ser uma amiga. E como dirigente desta escola resolverei o problema de todas vocês. Não se inquiete mais, escreverei ao seu tutor e serei dura com ele, ou dá informações ou terá de dá-las ao juizado. Paula, acho-a normal e sadia. Não somos iguais, cada uma de nós tem um dom. O seu, a psicologia moderna explica. Não dê importância a esses fenômenos. Um dia, quando for adulta, longe daqui, você encontrará respostas para tudo o que sente. Não me olhe assim, não sou adivinha, é que a antiga diretora escrevia nas fichas de vocês alguns dados pessoais. Veja, vou colocar na sua: boa menina. E logo mais escreverei: problema resolvido!

Paula teve vontade de abraçá-la, mas disse somente:

– Obrigada!

– Pode ir tranquila e, assim que seu tutor responder, mando chamá-la para planejarmos o que iremos fazer. E se você for rica, esse tutor terá de prestar contas direitinho do seu dinheiro.

Paula saiu da sala muito contente, sentia-se aliviada. Teria agora alguém em quem confiar e que a ajudaria. Sair da escola já não era mais um pesadelo.

O livro precioso

REUNIRAM-SE AS QUATRO AMIGAS no dormitório e, animada, Paula contou o resultado da conversa que tivera com a diretora.

— Mas por que não pensamos nisso antes? — perguntou Mariana. — Você pode trabalhar, sustentar-se e, se dona Nelisa lhe arrumar um emprego, poderá, se quiser, continuar a estudar, e aí encontrará um lindo noivo e casará.

— Eu também gostei de como ela conduziu o caso – opinou Cássia. – Esse tutor terá de dar explicações. Achei genial ela querer obrigá-lo a ir ao juizado de menores. Agora seu tutor terá de lhe responder tudo o que você quiser saber.

— O mais genial – falou Fátima – é que ela leu na sua ficha que você é sensitiva e não a criticou. Mas que maldade da outra diretora colocar nossos defeitos em nossas fichas. Não estou dizendo, Paula, que seja defeito o que ocorre com você, só que não é comum. Acho que é por não entender isso que pessoas como você escondem o que sentem. Pena que dona Nelisa veio para cá somente agora. Ter por diretora alguém em quem se pode confiar é sensacional!

Paula sentiu-se tranquila, aquele pavor de ter de ir embora da escola sem saber para onde ir acabou. Debruçou-se na janela, olhando para fora. Fazia isso quando estava contente ou triste. Sabia de cor cada detalhe da paisagem. Sentiu alguém perto dela, achou que era uma das amigas, olhou, virando somente os olhos, sem se mexer. Assustou-se, era a mãe de Cássia, que lhe sorriu e pediu:

– *Por favor, fale para minha filha Cássia para ter paciência e pensar em arrumar um emprego. Tudo dará certo.*

Paula teve vontade de perguntar algo como "a senhora sabe dos meus pais? Eles morreram também". Mas não conseguiu pensar ou falar nada, e o espectro sumiu.

"Ai, meu Deus!", pensou ela. "Não tenho sossego! Estava tão contente e vi fantasma! Não tem desculpa! Se estou triste, é porque a inquietação me faz ver coisas inexistentes. Mas agora que estou alegre vejo e escuto! Bem, é melhor dar o recado, senão essa alma não me dará sossego".

Ela já tinha visto outras vezes a mãe morta de Cássia e, quando via alguma alma que lhe pedia para dar recado e não dava, normalmente a via de novo, insistindo no pedido.

Chamou Cássia e repetiu baixinho o recado.

– Sabe, Paula – falou Cássia –, estava pensando nisso, não vou morar na casa de meu pai onde sei que não sou bem recebida. Acho que vou para a casa de minha tia Ema, uma tia de minha mãe, arrumarei um emprego, depois vou morar sozinha ou com amigas. Agora, com o recado de minha mãezinha, é o que farei. Obrigada, amiga, ainda bem que tenho você para me dar esses recados.

– Cássia, por que será que não vejo minha mãe? Meus pais não vêm me dar recados.

A garota não respondeu, nenhuma das duas entendia nada do que acontecia com ela. Paula lembrava que via espíritos desde os dez anos.

"Acho que antes eu os via, mas, ingênua, não percebia a diferença entre vivos e mortos. Dona Mariazinha me disse que quando vim para cá eu era tímida e conversava muito sozinha. Deveria conversar com as almas."

A primeira vez que de fato percebeu ter visto um fantasma – ela e as amigas referiam-se aos desencarnados por almas, mortos, fantasmas, defuntos – estava com as colegas na capela, limpando o altar quando viu uma mulher que sumiu quando Paula gritou. Ninguém acreditou, a diretora achou que ela mentira para livrar-se da tarefa e obrigou-a a terminá-la sozinha. Sentiu muito medo, temor que chegou a lhe dar dores pelo corpo, sentia-se tão congelada que nem conseguiu chorar, tremia tanto que o pano de limpeza caía a todo o momento de suas mãos. Para seu alívio, Mariana e Cássia, escondidas, foram ajudá-la; com muito medo, as três juntinhas terminaram a tarefa.

E, depois de muitos castigos, ela começou a mentir que não via mais as almas. Mas, às vezes, levava sustos, corria ou gritava e mesmo que afirmasse não ter visto nada, a diretora castigava-a. Fazia uns quatro anos que não gritava mais e disfarçava seus sustos. Ver já era ruim, ser castigada por isso era ainda pior. E os castigos foram muitos, inúmeras vezes dormiu com fome por ter ficado sem jantar; outras tantas vezes não pôde comer a sobremesa, escreveu em cadernos com frases: não devo mentir ou não vejo nada diferente; não devo chamar atenção nem amedrontar minhas colegas, etc. E não era somente a diretora que achava que ela inventava; a maioria das professoras e as meninas que ali estudavam. Algumas diziam que ela queria aparecer, chamar a atenção ou passar medo nelas.

Paula resolveu não pensar mais sobre isso e voltou a conversar com as amigas. O assunto era a nova diretora, todas gostaram dela. Estavam no dormitório, esperavam pelo jantar, quando Paula viu Neuza na porta, acenando para ela discretamente, a jovem correu ao seu encontro, abraçando-a. Neuza puxou-a para o corredor, deram alguns passos e pararam em um canto onde não seriam vistas.

Desde que Paula veio para o internato, conheceu Neuza, uma mulher muito agradável e bondosa, que trabalhava na escola havia muitos anos, morava em uma vila perto e era orientadora das meninas menores. A instituição recebia alunas a partir de sete anos. Era ela que cuidava dos banhos das pequeninas, verificava se estavam se alimentando, ajudava-as nas lições e se desdobrava em carinho se alguma estava adoentada. Paula e Neuza simpatizaram uma com a outra assim que se viram. Neuza sentia muito amor pelas garotas, mas com Paula era diferente, gostava dela como se fosse sua filha. Foi ela que a aconselhou a não falar das suas visões às professoras e a ter cuidado com as meninas, algumas delatavam à diretora tudo o que ouviam. Neuza lembrava bem de um recado que recebera dela. Seu irmão morto havia dois anos aconselhou-a a mudar de casa e, quando mudou, tudo melhorou para sua família. Vendo que a garota sofria, tentava ficar mais tempo com ela para que não sentisse medo.

– Trouxe o que lhe prometi – falou Neuza, entregando-lhe um pacote –, aqui está o livro! Escrevi ao meu cunhado pedindo um livro que pudesse orientá-la, e ele me enviou pelo correio esta obra. Vou ler o pedaço da carta em que ele fala de você: "Neuza, dê este presente para a mocinha sensitiva, a que mencionou que vê espíritos. Peça para ler primeiramente procurando pelo sumário as partes e questões que interessem a ela. Talvez a garota não entenda, mas se ler com persistência achará solução para seus temores. Aconselho-a que, ao sair da escola, procure grupos espíritas para receber orientação. Ela é completamente normal, sadia, o que sente não é doença, é um dom". Ouviu menina?

Você não tem nada complicado nem anormal e, melhor, poderá compreender. Guarde o livro, e bem guardado, é melhor que não vejam o título, por isso, encape-o como os volumes da biblioteca. Logo será servido o jantar, deixe para lê-lo depois.

– Dona Neuza, muito obrigada!

– Até logo, meu bem, tenho de ir.

Abraçaram-se. Paula voltou para o dormitório, guardou o pacote. As garotas jantaram e, depois, como de costume, foram para o Salão Verde, local onde as alunas podiam escutar rádio, ouvir músicas e sempre uma delas tocava piano ou outros instrumentos musicais, conversavam até o horário de irem para o dormitório, onde se preparavam para dormir. Paula não as acompanhou e foi sozinha para o dormitório, acendeu um abajur, sentou-se na sua cama, abriu o livro e leu baixinho:

– Título interessante! *O Livro dos Médiuns*. E quem escreveu foi Allan Kardec. Vou ler a primeira página. *O Livro dos Médiuns*, ou guia dos médiuns e dos invocadores. Contém o ensino especial dos espíritos sobre a teoria de todos os gêneros das manifestações, os meios de comunicação com o mundo invisível, o desenvolvimento da mediunidade, as dificuldades e as escolhas que se podem encontrar na prática do Espiritismo". A introdução é sensacional! "Diariamente a experiência confirma a nossa opinião de que as dificuldades e desilusões encontradas na prática espírita decorrem da ignorância dos princípios doutrinários. Sentimo-los...".

Paula leu toda a introdução e exclamou, emocionada:

– Muito bom! Existem pessoas que por estudarem esses fenômenos acham normalíssimo alguém ver almas. Se eu tivesse nascido na Idade Média, iria para a fogueira. Mas agora podem me mandar para um hospício. A professora Vânia me alertou sobre essa possibilidade, disse-me: "Paula, cuidado! Não deve mentir que vê almas! Com isso não se brinca! Você pode achar

que vê mesmo e parar em um sanatório de doentes mentais!"
Vou ver agora o sumário para saber os assuntos. Meu Deus!
Que interessante! Este livro é, será minha salvação! Que preciosidade! As meninas estão chegando, vou guardá-lo, lerei em
todos os meus momentos livres. Direi que estou estudando. E
não estarei mentindo, vou estudar mesmo.

Naquela noite demorou para dormir, estava muito contente. Já não estava mais apavorada por ter de sair da escola, a
nova diretora caíra do céu para auxiliá-la. Sentia que o mistério de sua vida estava chegando ao fim, saberia de tudo, como
seus pais morreram, se tinha herança, mas se não tivesse, não
importaria, trabalharia e se sustentaria. Depois, aquele livro iria
ajudá-la, explicaria o que acontecia com ela.

No outro dia pediu para ir a biblioteca no período das
aulas e ficou lendo o livro.

"De fato", pensou Paula, "este livro é difícil de entender,
mas como o cunhado de dona Neuza recomendou, devo ser
perseverante. Como gostaria de ter alguém para me explicar!
Mas enquanto não tenho, vou lendo e relendo até que consiga
compreendê-lo. Agora vou ler sobre o 'Sistema de alucinação'".[1]

– Interessante! Por que não pensei nisto antes?

Paula continuou lendo e procurando pelo sumário o que
mais queria saber. Teve vontade de ficar lendo o livro o dia todo,
mas poderiam desconfiar, por isso foi almoçar, descansou, foi ao
pátio, e, quando viu Neuza no parque com as meninas pequenas,
correu para encontrá-la.

– Dona Neuza, quero lhe agradecer novamente. Aquele livro
é fantástico! Uma preciosidade! Com certeza me ajudará muito.

---

1. *O Livro dos Médiuns*. São Paulo: Petit Editora, Parte Primeira, Capítulo 4, item 40,
p. 41. (Nota do Autor Espiritual)

– Fico contente, queria muito ajudá-la e, se esse livro explicar a você o que sente, será muito bom. Venha cá, Camila! Venha aqui, meu bem! – Neuza chamou uma menina e explicou a Paula: – Camila veio para a escola no começo do ano, estamos quase no final e ela ainda não se acostumou. Desde ontem está chorosa.

– Olá, Camila – cumprimentou Paula, acariciando seu rostinho.

– Oi – respondeu a menina, se acomodando no colo de Neuza.

Paula viu ao lado da garotinha o espírito de uma mulher jovem e muito triste. Conversou com o espírito mentalmente: "A senhora, ficando triste, transmite tristeza a Camila".

– *Você me vê? Pode me escutar?* – perguntou a desencarnada, admirada.

"Sim, e peço-lhe que não fique perto dela."

– *Não quero deixar minha afilhada triste, amo-a muito. Quis vê-la e, de repente, estava aqui, e agora não sei ir embora. Estou confusa! Você pode me dizer o que tenho de fazer?*

Paula lamentou não ter lido todo o livro, mas, pelo que leu, resolveu arriscar um conselho e respondeu mentalmente: "Infelizmente, não sei ainda aconselhá-la, mas reze, rogue a Deus por ajuda e orientação, vou orar com você. Pai-Nosso..."

Paula quis mesmo que aquele espírito recebesse ajuda para não ser mais tão triste. Viu dois espíritos muito bonitos aproximarem-se e sorrirem para ela; um deles colocou as mãos sobre a cabeça de Camila, e a menininha recebeu raios de luzes, pegaram a moça desencarnada e Paula não os viu mais.

"Obrigada, meu Deus!", exclamou em pensamento Paula, emocionada.

– Paula! Paula! O que você acha? – perguntou Neuza.

– Eu? Bem... Acho que sim.

– O quê? Sim? Tem certeza? – Neuza indagou novamente, estranhando.

Paula não ouviu o que as duas conversaram. Não querendo dizer o porquê, arriscou uma resposta.

– A senhora, dona Neuza, sempre tem razão.

– Está vendo, Camila? Tudo dará certo – afirmou Neuza, sorrindo.

A menina sorriu, beijou o rosto de Neuza, que retribuiu o beijo, saiu correndo e foi brincar.

– Acho que Camila se animou. Graças a Deus! Não gosto de ver nenhuma das minhas meninas triste. Paula, você está gostando realmente do livro?

– Muito mesmo. Já decidi: vou conhecer o senhor Allan Kardec! Quando sair da escola, vou trabalhar, juntarei dinheiro e em uma de minhas férias irei à França, a Paris, conhecer esse autor e, quando o vir, quero beijar-lhe as mãos e agradecê-lo. Ele foi corajoso escrevendo este livro.

– Como sabe que ele é francês? – perguntou Neuza.

– Está no livro, ele foi traduzido. Dona Neuza, pelo que li, acho que esse autor tem outros livros, vou pedir a dona Nelisa e, se ela me der permissão, escreverei à editora pedindo o catálogo deles. Quero saber quantos livros Allan Kardec escreveu e o preço. Será que eles me enviariam pelo correio?

– Muitas editoras vendem pelo reembolso postal, deve mesmo escrever para saber. Você quer mesmo conhecer esse autor?

– Vou conhecê-lo! – afirmou Paula.

– Paula, você viu o ano em que esse livro foi escrito? – indagou Neuza.

– Não!

– Sinto em dizer, minha querida, esse livro foi escrito no século 19. Meu cunhado me contou que Allan Kardec já desencarnou. Desencarnar é o termo que ele usa para se referir à pessoa que morreu, porque, segundo ele, com a morte do corpo físico, o espírito continua vivo.

– Que pena! Allan Kardec morreu, desencarnou! Não poderei agradecer-lhe!

– Ora – aconselhou Neuza –, agradeça-lhe mentalmente, com certeza ele receberá seu agradecimento. Acho que Allan Kardec escreveu esse livro e os outros com o intuito de auxiliar a nós todos a entender o que é a morte. Mas o que ele fez mesmo foi instruir os sensitivos, que ele denomina médiuns, ou intermediários, como fazer intercâmbio com os que estão na espiritualidade.

– A senhora parece que leu o livro. Está entendida no assunto – comentou Paula.

– Não li, mas vou lê-lo. Estou sabendo um pouquinho porque conversei com meu cunhado no último feriado, quando ele e minha irmã vieram me visitar.

Outras garotas aproximaram-se e passaram a falar de outros assuntos.

A sineta chamou as alunas para assistirem às aulas. Paula pediu para ficar na biblioteca lendo. Com permissão, dirigiu-se para lá com o seu precioso livro, acomodou-se e procurou pelo sumário um texto que a informasse se agiu certo com o espírito que estava com a Camila.

– Aqui está algo interessante! – exclamou Paula, baixinho. Na Parte Segunda, Capítulo 6 – "manifestações visuais", a pergunta 11.[2]

Leu com atenção.

---

2. *O Livro dos Médiuns*. São Paulo: Petit Editora, Parte Segunda, Capítulo 6, item 100, pergunta 11, p. 96. (N.A.E.)

– Não devo ter medo de espíritos! – concluiu ela. – Puxa! Muito boa a resposta da pergunta 13. Acho que falo com espíritos por transmissão de pensamento. Devo ter agido certo com aquela moça desencarnada. Orar é a solução em todos os momentos difíceis! Vou ler agora o último capítulo. Vocabulário espírita. Nossa! Quantos termos diferentes! Mas bem explicados. Vou decorá-los depois, agora vou lê-los somente. "Espíritos: são seres inteligentes da criação..." Hum! Será que eles existem mesmo? Acho que tem no sumário. Vou ver. É o primeiro capítulo. Nossa! Que resposta! "A causa principal da dúvida sobre a existência dos espíritos é a ignorância da sua verdadeira natureza. Imaginam-se..."

Leu depressa, achou interessante demais.

"Meu Deus!", pensou ela entusiasmada. "Existe uma religião que acredita em almas, espíritos e até falam com eles! Tenho de ser espírita e adeus hospício! Mas será que Espiritismo é religião? Acho que li na introdução. Vou ler de novo".

E assim Paula ficou quatro horas folheando o livro, lendo partes, voltando, procurando no vocabulário, e chegou à conclusão de que o Espiritismo é realmente uma religião, porque, com compreensão, a pessoa tem mais possibilidade de se ligar ou religar ao Criador.

Teve vontade de contar a todos na escola que ela era normal, que existiam pessoas estudiosas que concluíram que o intercâmbio entre o físico e o espiritual era possível e até ensinavam como fazê-lo. Sentiu ímpeto de mostrar o livro e ler alguns textos em voz alta para que as amigas escutassem e também entendessem. Mas resolveu que o melhor era ter bom-senso e ficar calada. O importante era ela compreender.

No outro dia, Neuza, ao encontrá-la, informou:

– Paula, Camila está bem, assistiu à aula, fez as tarefas e não chorou mais.

– Que bom!

Ela desejou que aquela moça desencarnada triste ficasse alegre e que tivesse seus problemas resolvidos e que não se aproximasse mais de Camila.

Quando desejamos algo de bom a outras pessoas enviamos energias positivas e, se nossos alvos forem receptivos, eles recebem. A moça foi socorrida, e Camila, sem sua influência, ficou bem.

"Acho", pensou Paula, "que a moça desencarnada estava sem saber o que fazer, para onde ir, e aqueles espíritos bondosos puderam ajudá-la quando nós duas oramos. Orar é muito importante!"

No outro dia, na biblioteca, estando sozinha, pois era horário das aulas, Paula leu o Capítulo 25: "Das evocações".[3] Mesmo com as advertências, resolveu evocar a sua mãe.

Sabia o nome dela porque estava no seu registro de nascimento. Sentou-se, colocou as mãos sobre a tampa da escrivaninha, orou e pediu que viesse o espírito de sua mãe, repetiu o nome várias vezes. Sentiu um arrepio e escutou sussurrar no seu ouvido:

– Sua mãe está viva, não pode vir!

Paula abriu os olhos, olhou para todos os lados, não viu ninguém. Embora tivesse resolvido a não sentir mais medo dos mortos, dos desencarnados, ficou amedrontada.

"Está viva!", pensou. "Foi o que escutei. Claro! Esse livro diz que todos nós estamos vivos, que a morte não existe. Não pode vir, bem, se não pode... mas bem que poderia dar um jeito. É melhor não insistir. Quando souber lidar com minha mediunidade, porque agora sei que sou médium, vou evocá-la

---

3. Caro leitor, se quiser saber mais sobre o assunto, leia com atenção o capítulo citado. É deveras interessante. (N.A.E.)

novamente. Por hoje não vou ler mais. Vou perguntar a dona Nelisa se posso escrever a editora e pedir os outros livros. Não direi quais são, a não ser que pergunte. E como vou pagá-los? Vou perguntar também se tenho dinheiro."

Dona Nelisa a atendeu, estava com vários papéis sobre a mesa, demonstrando ter muito trabalho, por isso Paula foi direto ao assunto.

– Dona Nelisa, obrigada por me atender, vou ser rápida. Queria muito ler uns livros, pedi-los pelo correio e gostaria de saber se posso fazer isso e se tenho dinheiro para comprá-los. Gostaria muito de lê-los e...

– Você infelizmente não tem dinheiro – respondeu Nelisa.

– Seu tutor realmente envia muito pouco para suas despesas pessoais. Nós temos verbas para adquirir obras literárias. Escreva para a editora, consulte os custos, como é feito o pagamento e a escola os adquirirá.

– Mas não são livros didáticos, são sobre ciência, filosofia e espiritualismo.

– Parece interessante! – exclamou a diretora. – Autorizo a consulta e quando tiver a resposta me comunique. Paula, já escrevi ao seu tutor e disse que quero resposta imediata, esperarei até o final do mês, se ele não me responder, irei conversar ou escreverei ao juiz. Assim que receber a resposta desse senhor, mandarei chamá-la. Agora vá, querida, tenho de terminar este trabalho até o meio-dia.

Paula saiu contente, todas as vezes que falava com a diretora, animava-se. Voltou à biblioteca e escreveu à editora.

"Não menti", pensou ela, "tudo leva a crer que o Espiritismo é: ciência, filosofia e religião. Substituí a religião por espiritualismo, mas quando receber as informações da editora, explicarei a dona Nelisa do que se trata."

Fechou o envelope, selou e o colocou na caixa de cartas. As garotas escreviam muito, as correspondências eram levadas duas vezes por semana ao correio da cidade próxima e, ao serem levadas, o funcionário que fazia isso trazia também as correspondências delas.

Paula leu o livro todo e concluiu que aquela obra teria de ser lida, estudada muitas vezes e determinou que iria fazê-lo. Não estava mais interessada em assistir às aulas e, no período delas, ficava na biblioteca. Resolveu ler os Evangelhos. Pegou uma *Bíblia*, havia várias na escola, procurou no Novo Testamento os *Evangelhos* e passou a lê-los. Prestou atenção nas passagens em que Jesus expulsava os espíritos maus.

"Jesus via espíritos e, pelo o que entendi, conversava com os desencarnados. O Mestre Nazareno disse que tudo o que Ele fazia, todos poderiam fazer. Por que será que eu nunca prestei atenção nessas passagens? Os espíritas devem estar certos, eles fazem e ensinam o que Jesus fazia e afirmou ser possível".

Dias depois, Nelisa mandou chamá-la, ela foi à sua sala.

– Paula, seu tutor escreveu me respondendo. Leia a carta.

A garota pegou a missiva, tremia de ansiedade. O tutor escreveu pedindo à diretora para ter paciência pois ele se encontrava adoentado, mas no começo do ano letivo iria pessoalmente à escola dar todas as informações pedidas.

– O que você acha? – perguntou Nelisa.

– Que ele está enrolando ou que tem muitas coisas a esconder – respondeu Paula.

– É o que acho também. Temos duas opções: esperamos e marcamos o dia e hora da visita para o terceiro dia letivo ou escrevo ao juiz pedindo uma audiência. Mas as férias estão para serem iniciadas, e o juizado deve entrar em recesso. Se conseguirmos marcar a audiência, teremos de ir nas férias. Sei que você não sai da escola, mas eu posso sair.

– Embora eu esteja ansiosa para me encontrar com esse senhor e saber a verdade sobre minha origem, acho que devemos aguardar. Já esperei anos, não irá fazer diferença esperar algumas semanas. Não quero atrapalhar o descanso merecido da senhora.

– Vou responder informando nossa decisão. Quero que esse tutor misterioso saiba que agora não está lidando com alguém que, pagou, resolveu. Vou dizer a ele que se não vier ao encontro, no outro dia será um procurado pela polícia. Paula, essas férias serão diferentes! Minha irmã caçula, que é muito linda, ela é realmente um encanto, está noiva de José Antônio, um senhor que tem uma propriedade aqui perto. Ela quer passar uma temporada na casa dele, mas, como ainda é noiva, nosso pai não a deixa vir sozinha, então fui convidada. Fui visitá-lo no domingo passado com minha irmã. A propriedade é enorme; a mansão, maravilhosa e ao lado da casa tem uns apartamentos para hóspedes. Conversando com ele, contei que algumas garotas não saem da escola nas férias. O senhor José Antônio ficou penalizado e disse que eu poderia levá-las comigo. E o farei. Terei de pedir autorização aos pais ou tutores de todas, mas você, veja bem aqui –, Nelisa mostrou um parágrafo da carta do tutor – ele escreveu que a escola é responsável por você. Então, eu decidi pela escola: você irá. Quer?

Paula sentiu vontade de pular de alegria; sorrindo contente, respondeu:

– Quero!

– Então, meu bem, está decidido, vou escrever ao seu tutor marcando a data do encontro e pode se preparar, irá comigo passar as férias na propriedade do meu futuro cunhado.

Paula saiu da diretoria pulando de contentamento.

3

Propriedade Água Funda

NEUZA ENCONTROU PAULA CANTAN-do e pulando pelo corredor.

— O que aconteceu com você? Por que está tão contente assim?

— Pela primeira vez vou passar algumas semanas fora da escola. Dona Nelisa vai passar as férias na propriedade do senhor José Antônio, o noivo da irmã dela, e levará as seis que iriam ficar na escola.

— Na propriedade Água Funda? — perguntou Neuza.

— A fazenda chama assim? Que nome estranho! — excla-mou Paula.

— Um dos rios da região corta a propriedade desse senhor, e, em um vale estreito, as águas são muito profundas, daí o nome: Água Funda.

— A senhora conhece a propriedade?

— Conheço — respondeu Neuza —, mas nunca entrei na casa. É um lugar muito bonito. Você quer mesmo ir? Se dona Nelisa deixar, posso levá-la para minha casa.

— Desculpe-me, dona Neuza, mas acho melhor ir com a diretora. É a primeira vez que saio do internato por muitos dias.

É melhor não abusar. Gostaria de ir com a senhora, mas posso incomodar, e uma pessoa a mais aumenta a despesa da casa e sei que passam por dificuldades financeiras.

– Seria muito bom tê-la comigo, mas acho que tem razão, se dona Nelisa vai levá-las irão com certeza aproveitar bastante as férias. Já vi o senhor José Antônio na cidade, parece ser uma pessoa agradável.

– Como ele é? – quis Paula saber.

– Deve ter cinquenta anos – respondeu Neuza –, os cabelos são grisalhos, é alto, magro, um homem distinto, mas, depois que o filho morreu, tornou-se sério, acho que triste.

– O filho morreu? Era jovem? De quê? – curiosa, Paula quis saber.

– Hospedando-se lá, terá muito tempo para saber detalhes. Você lembra que no ano passado um jovem sofreu um acidente de carro na curva da serra? – perguntou Neuza.

– Comentamos muito sobre esse acidente, lembro que falavam que era um moço bonito, que estava correndo e, em uma curva perigosa, o carro capotou e ele faleceu, parece que se chamava Shento ou Shelton.

– Ele tinha um nome diferente, deve ser um desses que citou ou algo parecido. Ele era filho do senhor José Antônio. Esse senhor foi casado duas vezes. Com a primeira esposa, que morreu de uma grave doença, teve dois filhos: esse que morreu e uma moça que se casou e mora em outro país. Quando a mãe faleceu, eles eram muito pequenos. O proprietário da Água Funda não ficou muito tempo viúvo, casou-se novamente, mas acabou se separando. A segunda esposa chama-se Magda, que agora mora na cidade, e eles tiveram um filho, que hoje é um adolescente, e dizem que o mocinho está adoentado. Realmente, esse senhor é noivo da irmã de dona Nelisa, uma moça muito bonita, já a vi na cidade.

– Vou contar os dias, até horas, para irmos. Estou muito contente por sair da escola. Será com certeza uma aventura! – exclamou Paula, contente.

– Será mesmo muito bom para você, porém fique atenta se vir alguma alma, ou, como aquele livro ensina, espírito ou desencarnado, finja não os ver – aconselhou Neuza.

– Tomara que eu não veja ou escute nada disso. Quero ter férias maravilhosas.

Nelisa pediu por carta autorização para os pais das outras meninas e aguardou as respostas. O ano letivo terminou e as garotas, em euforia, arrumaram suas malas para as férias. Paula e Cássia despediram-se das amigas Mariana e Fátima com promessas de se corresponderem. Dois dias depois, ficaram na escola somente as seis alunas: Paula, Cássia, Eleonora, Fabiana, Luciana e Júlia. Nelisa deu férias para os funcionários. Trabalharia somente o jardineiro, por algumas horas; se não chovesse, viria à escola aguar as plantas e também buscaria as correspondências. Pela primeira vez em muitos anos, a escola ficaria por semanas fechada. Todos estavam contentes. Mas Júlia não obteve a autorização para sair. Ela chorou muito e Nelisa ficou irada. Chamou as seis meninas a sua sala e narrou o sucedido.

– Diante da situação, não iremos mais. Não tenho como privar das férias alguma funcionária ou professora para ficar aqui com Júlia, todos já programaram o merecido descanso. Não podendo deixar Júlia sozinha, terei de ficar e, sem mim, infelizmente, nenhuma de vocês poderá ir.

– A senhora tem razão, não poderemos ir sozinhas, fomos convidadas para acompanhá-la – falou Fabiana, chorando.

– Acho, minha querida, que não há outra solução! – exclamou Nelisa, aborrecida.

– Eu fico sozinha – determinou Júlia, chorando alto.

– Que absurdo! – exclamou Cássia, chorando. – Você tem medo de tudo, não fica sozinha no dormitório. Queria tanto ir! Ficar aqui de novo! Não merecemos! E desta vez será pior, porque fiz tantos planos, ia nadar na piscina, andar livre pela propriedade, comer alimentos diferentes, dormir em outro local. Ah!...

As seis choraram e Júlia mais ainda. Nelisa parecia estar com vontade de chorar também.

– Eu... – falou Paula. – Eu...

– Fale, Paula – ordenou Nelisa. – O que você quer dizer? Seja o que for, fale!

– Se a senhora ficar brava comigo?

– Não fico – respondeu Nelisa. – Já estou aborrecida, nada me fará ficar mais. Talvez você tenha alguma ideia.

– Se Júlia sair da escola, seu pai ficará sabendo? Tem como ele saber?

– Não tem! – respondeu Júlia, depressa. – Ele pouco escreve, não me visita, se eu não contar, ele não saberá.

– Resolvido! – exclamou Paula. – Somente nós sete sabemos que o pai dela não deu autorização. Se jurarmos não dizer a mais ninguém, todos da escola pensarão que ele autorizou. O pai de Júlia pensará que ela está aqui e estaremos todas lá. Ele não vem aqui, mas, se por azar vier, o jardineiro nos informará e voltaremos rápido e diremos que somente passamos o dia fora.

– Ele não virá, nunca veio, não deu autorização por maldade – falou Júlia. – Por favor, dona Nelisa, vamos fazer o que Paula sugeriu.

– Dará certo! – exclamou Fabiana. – Dona Nelisa, por favor, nós juramos que não falaremos nada. Ninguém saberá. É injusto nós sete ficarmos nas férias aqui sozinhas, ter até de cozinhar, por causa de uma maldade!

– Não estamos fazendo nada de errado! – opinou Cássia. – Não é justo, não é certo ficarmos pelo egoísmo de uma pessoa. O pai da Júlia não quer ficar com ela e ainda a quer presa! Vamos, dona Nelisa, por Deus!

– Deixem-me pensar! – pediu a diretora. – Entendo vocês, sim, minhas queridas, eu as entendo. E até fico contente por saber que são unidas. Mas minha situação é complicada. Sou empregada! O mais difícil foi conseguir que os proprietários da escola me autorizassem a sair com vocês. Justifiquei meu pedido alegando que seria muito bom para vocês saírem, ver pessoas e locais diferentes e que não era bom para o rendimento escolar ficarem aqui os trezentos e sessenta e cinco dias no ano. Os proprietários permitiram desde que os pais ou responsáveis autorizassem. Se descobrirem, posso até perder meu emprego. Gostei muito daqui, gosto de vocês!

Nelisa sentou na cadeira à frente de sua escrivaninha e ficou calada, as seis ficaram olhando-a, algumas ainda choravam. Fabiana afastou-se para um canto da sala, acenou, pedindo para as garotas aproximarem-se. Ela disse baixinho:

– Se ficar nestas férias presa, vou arrebentar tudo. A culpa é sua Júlia!

Júlia voltou a chorar alto.

– Fabiana – defendeu Eleonora –, ela não é culpada, como nós também não somos, não fale assim!

– Falo! Mas tenho uma ideia! Júlia pode acertar tudo! Como? Simples! Ela vai escrever uma carta imitando a letra do pai dando autorização e nós vamos dar um sumiço na carta verdadeira.

– Não é simples assim – opinou Luciana.

– É! – afirmou Fabiana. – Júlia já fez isso uma vez. Sei porque fui eu que tive a ideia. Seu pai também não deixou nossa amiga ir ao circo, ela recebeu a carta, fez outra, deu à antiga diretora e foi ao circo.

– Mas dona Nelisa já leu a carta – lembrou Cássia.

– Escrever a carta é fácil, mas como convencer dona Nelisa? – indagou Júlia.

– Vamos implorar – determinou Fabiana. – Vamos fazer pacto de morte: se uma de nós contar, a outra pessoa que não seja do grupo, morre!

Nelisa fingiu estar pensando, mas estava atenta, escutando-as. Queria muito ir, ajudar a irmã a se casar; depois, achava injusto que, por um capricho maldoso de um pai, todas ficassem na escola e, pior, sem empregados. Inteligente, conduziu-as a encontrarem a solução, mas nem foi preciso dar ideias, elas acharam, e gostou do que ouviu, mas não demonstrou.

– Dona Nelisa – falou Fabiana –, temos uma ideia. Mas a senhora jura que não nos castiga se falarmos?

– Ideias são ideias! – respondeu Nelisa. – Estamos conversando. Não gosto de jurar, isso é atitude de criança. Mas, seja o que for, não haverá castigos. Se não concordar, digo não. Podem falar.

Olharam uma para outra, estavam temerosas, Fabiana, demonstrando coragem, falou:

– Esta é a carta que nega a autorização. Veja o que faço com ela – pegou-a e rasgou. – Nunca a recebemos. E, no lugar, Júlia, que imita a letra do pai com perfeição, escreverá outra, autorizando. A senhora somente viu a outra, nunca esteve aqui a que rasguei. Juramos de morte que ninguém falará. E se, por acaso, o que é muito difícil, alguém descobrir, a senhora viu somente a segunda carta, entendeu?

– Por favor, dona Nelisa, aceite – pediu Júlia. – Sofro por não ir, mas sofro muito mais por elas. Paula nunca saiu da escola, estava tão feliz. Meu pai merece ser enganado. Juro por Deus, prometo, dou a minha palavra, e ela é sagrada, que se os proprietários da escola souberem, direi que fiz tudo sozinha.

Nelisa achou genial a solução que elas encontraram, e, fingindo preocupação, levantou e deu uns passos pela sala, depois, as olhou e perguntou:

— Paula, querida, é verdade que nunca saiu da escola?

— Saí em pequenas excursões e...

— É verdade! – interrompeu Cássia. – Ela veio para cá com oito anos e nunca saiu. Coitadinha! Nem sabe o que é uma casa.

Cássia mentiu, mas, se Paula desmentisse, elas iriam brigar com ela, resolveu ficar calada. As meninas sentiram que dona Nelisa estava com pena e reforçaram os apelos.

— Dona Nelisa, a senhora é boa! – exclamou Luciana. – Tenha pena de nós, pobres meninas presas nesta escola. Por favor!

— Aceite nossa proposta, dona Nelisa, pelo amor de Deus – pediu Eleonora. – Tenha pena de nós, queremos tanto ir. Júlia cumpre o que promete e nós seremos testemunhas, juraremos sobre a *Bíblia* que a senhora foi enganada que não sabia de nada.

— Será que dará certo? – perguntou Nelisa, fingindo dúvida.

— Por favor! – pediram as seis.

— Está bem! – concordou Nelisa.

As meninas pularam e se abraçaram felizes.

— Mas! – falou Nelisa. – Vamos combinar tudo muito bem. Júlia, faça a carta com capricho, vou arquivá-la junto das outras autorizações. E vocês, meninas, serão obedientes. Vamos ter ótimas férias. Quero que saibam que eu não estou agindo corretamente, mas não consigo vê-las sofrendo aqui sozinhas, presas, esquecidas do mundo e dos parentes. Acho que sou bondosa demais!

As meninas deram vivas, saíram da sala achando que a diretora era a melhor pessoa do mundo. Júlia fez a carta, arrumaram tudo e, no outro dia, uma camionete buscou as meninas que, falando sem parar, radiantes de contentamento, foram para a propriedade Água Funda.

No caminho, o motorista parou e mostrou às garotas:

– Daqui do alto dá para ver a fazenda. Toda esta terra é do senhor José Antônio. Ali, passa o rio; lá, estão as plantações, o pasto, aqueles cavalos são de raça, e a casa está atrás das árvores.

As meninas olharam tudo admiradas. Paula sentiu o coração bater mais depressa. Achou a paisagem linda demais.

Chegaram e foram direto para o alojamento. A uns cinquenta metros da casa, existia, em formato retangular, um prédio, com varanda à frente, era o local onde se hospedariam. Entraram por um corredor onde havia vários apartamentos.

– Vou ficar neste! – determinou Nelisa – Dividam-se em duplas e podem escolher em qual querem ficar.

Cássia e Paula entraram no primeiro.

– Que lindo! – exclamou Paula.

– Lindo? Acho-o confortável – opinou Cássia. Mas está bom demais! – Paula, você nunca se hospedou em hotéis, os de luxo é que são lindos. Amiga, vamos nos divertir nestas férias e graças à dona Nelisa.

O apartamento não era grande, tinha um armário pequeno com duas portas, uma mesa de cabeceira, duas camas e o banheiro equipado. Escutaram Nelisa falar no corredor:

– Meninas, organizem o que trouxeram no armário e se arrumem que, em trinta minutos, vamos cumprimentar nosso anfitrião.

Paula possuía poucas roupas e as colocou no armário. Arrumaram tudo, pentearam os cabelos e, ansiosas, saíram do quarto. Logo as outras também o fizeram, e esperaram na varanda.

Nelisa se arrumou, deixou os cabelos soltos e passou batom, as meninas, então, notaram que a diretora era bonita. Ela sorriu contente com os elogios das garotas.

— Vamos, queridas – convidou Nelisa –, e não se esqueçam que devem ser educadas.

Para irem até a casa passaram por um jardim arborizado. As garotas estavam encantadas. Pararam por instantes à frente da casa, para admirá-la.

— Que mansão! – exclamou Eleonora.

— Parece um castelo! – admirou-se Júlia.

A casa era realmente de muito bom gosto.

— Entraremos por aqui – orientou a diretora.

Nelisa as conduziu por uma porta lateral, e entraram em uma sala. Paula nunca tinha visto nada parecido: sofás, tapetes, enfeites. Ficaram de pé, olhando tudo.

— Uma lareira! Olhem que linda! – falou Fabiana, maravilhada.

Nelisa olhou para Fabiana, uma das recomendações que fizera incluía não dizer nada que não fosse perguntado nem que expressassem alto o que acharam da casa ou das refeições. Mas todas olharam para a lareira. Em cima, havia alguns porta-retratos e, em um deles, uma foto de um moço que sorria. Paula arrepiou-se; ao lado direito da lareira estava o rapaz da foto, observando-as. Paula não conseguiu tirar os olhos dele. Lembrou dos conselhos de Neuza:

"Finja que não vê! Se você, Paula, vir alguma alma, ou desencarnado, finja que não vê."

De repente, o rapaz olhou para ela e percebeu que fora visto, deu uns passos, aproximou-se dela e perguntou:

"*Você me vê?*"

Paula, instintivamente, balançou a cabeça negando, escutou o que ele falara em pensamento. O rapaz sorriu e todas se voltaram para a porta, porque entraram, naquele momento, o senhor José Antônio e sua noiva Ivany, a irmã de Nelisa.

– Boa tarde!

Os dois cumprimentaram e elas responderam em coro. Paula olhou para o espectro, que se afastou, foi novamente para perto da lareira e ficou olhando-as.

"Ainda bem que ele não está prestando atenção em mim", pensou ela.

As irmãs se abraçaram, as meninas ficaram olhando, sorridentes. O senhor José Antônio gentilmente deu as boas-vindas.

– Meninas, quero que todas se sintam à vontade e que aproveitem bem as férias. Como se chamam?

E uma por uma pegou na mão dele dizendo o nome. Ivany também as cumprimentou.

– Garotas, agora vocês irão lanchar. Nelisa vem comigo – determinou Ivany.

Os três saíram por uma porta e uma empregada que ninguém havia notado as levou por outra. Paula sentiu-se aliviada, o moço desencarnado ficara no mesmo lugar. O lanche estava muito saboroso, conversaram animadas, demonstrando estarem muito contentes. Quando terminaram, a empregada acompanhou-as para que conhecessem o jardim, a piscina, mostrou onde passava o rio, o curral e o haras.

– Vocês terão muito tempo para ver tudo – disse a empregada. – Agora andem por aí, depois tomem banho e voltem para o jantar, que será servido às dezoito horas.

– Iremos tomar as refeições com o senhor José Antônio e sua noiva? – perguntou Fabiana à empregada.

– Não, vocês serão servidas na copa, o senhor José Antônio e dona Ivany fazem as refeições na sala de jantar. E certamente dona Nelisa os acompanhará.

– Serão somente os três? – perguntou Fabiana.

Cássia cutucou-a, não deveriam fazer perguntas, mas a empregada respondeu gentilmente:

– O outro filho do senhor José Antônio, o Tiago, que não se sente muito bem, quase sempre acompanha o pai, e o senhor Benício, que é filho do primeiro casamento de dona Magda, a ex-esposa, que é secretário do senhor José Antônio, costuma tomar as refeições com eles. Vou voltar a casa agora. Tchau, garotas!

Elas responderam em coro.

– Meninas – disse Luciana –, temos de parar de responder juntas, não estamos na escola.

– Mas como faremos? – perguntou Júlia.

– Ora, uma responde primeiro, outra diga "até logo", alguém responde "tchauzinho", e podemos também acenar com a mão – respondeu Fabiana.

– Acho ótimo – concordou Paula.

– *Eu também!*

Paula se assustou, mas conseguiu se conter, olhou, virando os olhos, e o moço desencarnado estava lá, perto dela.

– *Então você me vê e ouve. Não sinta medo, sou do bem, não lhe farei mal, sou bonzinho. Chamo Shelton, escutei as meninas chamarem você, seu nome é Paula. Podemos ser amigos. Não se assuste, por favor!*

– Que maravilha! – exclamou Cássia. – Esta propriedade é linda! Serão as melhores férias de minha vida!

Todas concordaram, menos Paula que, triste, olhou para Shelton, que lhe sorriu, triste também.

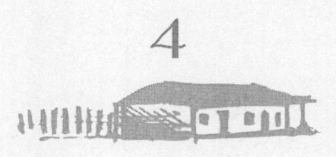

O desencarnado

O JANTAR FOI MUITO AGRADÁVEL. Após a refeição, ficaram conversando por meia hora na varanda. Cansadas, foram dormir. Paula não viu mais o moço desencarnado e rezou para que não o visse mais.

No outro dia, depois do café da manhã, as meninas voltaram ao alojamento para planejar o que iriam fazer.

— Meninas — disse Nelisa —, pela manhã vocês andem por aí, almoçaremos às doze horas, e, às treze e trinta minutos, iremos passear de charrete com Ivany. Peço-lhes para terem cuidado. Por favor, não se machuquem.

As garotas saíram e Paula ficou para trás de propósito, porque quis conversar com a empregada que limpava os apartamentos.

— Deve ser gostoso trabalhar aqui, não é? — perguntou Paula.

— Não é ruim — respondeu a mulher. — O ordenado é bom. Quando não temos hóspedes, o serviço é pouco.

— O senhor José Antônio recebe muitas visitas?

— Antigamente sim, agora não.

— Antigamente, quando o filho estava vivo? — indagou a garota.

– Sim, o senhor Shelton era animado, educado e feliz. Recebia muitos amigos, e o senhor José Antônio também – respondeu a empregada, suspirando saudosa.

– Ele, esse moço, morreu há muito tempo? – quis Paula saber.

– Um ano e seis meses. Foi um acidente horrível.

– Ele se chamava Shelton...

– Sim – falou a empregada. – Tinha o nome do avô paterno. Todos sentiram muito a morte dele, o irmão está adoentado.

– Paula! Anda! – gritou Cássia.

Paula despediu-se da empregada e saiu do alojamento. Somente Cássia a esperava, as outras meninas foram para o lago.

– Por que fez aquelas perguntas para a empregada? Você está apreensiva?

– Não é nada.

Cássia olhou-a e Paula entendeu que não iria conseguir esconder da amiga sua preocupação. Convidou-a para sentar em um banco e contou:

– É que vi o moço, o tal de Shelton, ele está por aí!

– Ai, meu Deus! – exclamou Cássia. – Você não seguiu o conselho de dona Neuza? Não fingiu que não viu?

– Fingi, mas o danado percebeu – Paula enxugou umas lágrimas. – Tenho horror de mim por isso. Que castigo! Por que não sou como todas vocês? O que fiz de errado para ver defuntos? Sou órfã, sozinha, acho que nunca pequei ou cometi pecados grandes para ser punida desse modo. Por que tenho de ver? É a primeira vez que saio por mais de três dias da escola e aqui estou, vendo uma alma do outro mundo. Um fantasma da Água Funda.

– Você não estava dando outros nomes para os fantasmas? – perguntou Cássia.

– Era desencarnado, é como Kardec se refere. Mas o livro não me ensinou a não vê-los mais.

– Talvez porque não há jeito, quem é médium não tem como deixar de ser, mas essa obra literária ensina como agir.

– Ensina! – exclamou Paula, suspirando. – Mas não consigo entender tudo. Lá está escrito que afastamos de nós espíritos maus com ajuda dos bons. Por isso conversei com a empregada, ela me afirmou que esse Shelton que morreu era boa pessoa.

– Será que ele está perdido? No livro não diz que alguns espíritos podem ficar por aí ou algo parecido? – perguntou Cássia.

– Já disse que não consegui ainda entender direito, mas acho que sim. Parece que o moço desencarnado quer me dizer algo.

– Se ele disser, será que depois não a deixará em paz?

– Será que tento? Tenho medo! – falou Paula indecisa.

– De qualquer jeito, sentirá medo. Fico com você, seguro sua mão e oro. Você pergunta o que ele quer, escuta, mas não prometa nada. Talvez ele queira que você dê algum recado, e deve ser para o pai. Como você irá dizer? Chegará ao senhor José Antônio e dirá: vi seu filho que morreu e ele manda lhe dar o seguinte recado... O senhor José Antônio, mesmo sendo gentil e educado, ficará furioso, achará que você está brincando com ele, com seus sentimentos e poderá nos expulsar. Escute o defunto e diga que vai pensar e que enquanto pensa ele deverá deixá-la em paz. Faça um acordo.

– Você é ótima, Cássia! Sua ideia é esplêndida! Vou fazer isso! – exclamou Paula, aliviada.

– Decidido! Vamos passear. Esqueça esse defunto. Mas me responda: ele é bonito mesmo? – Cássia quis saber.

– É sim!

– Menos mal! – Cássia riu. – Entre ver espíritos feios ou bonitos, é preferível ver os bonitos.

As duas reuniram-se às outras. Paula se esforçou para esquecer o desencarnado, passearam, brincaram, e o dia foi maravilhoso. Mas, no jantar, lá estava Shelton ao lado da lareira, quieto, triste, olhando-as.

"Se ele não vier conversar comigo, vou fingir não vê-lo e, se vier, pedirei para falarmos mais tarde", pensou Paula.

Durante o jantar não o viu mais.

Shelton estava na sala, quando viu sua mãe Clarisse, que o chamou para ir à varanda conversar com ela.

— *Shelton, meu filho, venha comigo, volte para a colônia, reinicie seus estudos, por favor...*

— *Não posso nem quero ir* — respondeu Shelton. — *Mamãe, a senhora poderia me ajudar. Como deve ter visto, papai recebeu hóspedes, são garotas do internato e a diretora, que passarão as férias aqui. Entre elas há uma, que me vê e ouve.*

— *Não é certo isso, meu filho, a menina sente muito medo.*

— *Mas me vê e posso falar com ela, talvez nos ajude* — falou Shelton.

— *Você acreditava quando encarnado, quando estava vestido do corpo físico, em espíritos?* — perguntou Clarisse.

— *Não!*

— *Agora, não pode exigir ou querer que outros acreditem. Fará somente que a mocinha seja ridicularizada, mandada novamente à escola, onde passará as férias sozinha. E, pior, sentirá a raiva das outras por ter voltado com ela. Você sabe que seu pai não acredita, acha charlatanismo e não hesitará em mandá-la de volta. Achará que é abuso, ficará furioso.*

— *Não vou fazer isso* — justificou Shelton. — *Vou pedir para ela não comentar com ninguém mais, porque já falou com uma amiga. Valter chegará logo.*

— *Como fez para ele vir?* — Clarisse quis saber.

– *Implorei muito para meu pai convidá-lo. Papai viu nossas fotos, sentiu saudades de Valter, telefonou para ele que, no momento, não está trabalhando, e pediu para meu amigo vir passar uns dias aqui, acha que será bom para Tiago. Também roguei a Valter para que aceitasse. Ele virá depois de amanhã, porque ficou preocupado com meu irmão, acha que poderá distraí-lo. Nenhum dos dois me viu ou ouviu, mas de algum modo me sentiram e atenderam. Mamãe, a garota que me vê, lê muito um livro,* O Livro dos Médiuns, *de autoria de Allan Kardec, a senhora conhece?*

– *Conheço essa obra clássica, ela explica o que é a mediunidade, o dom de ver e ouvir a nós, os desencarnados, e como lidar com esses fenômenos. Quer que eu traga um exemplar para você? Temos todos os livros de Allan Kardec em nossas bibliotecas. Boas obras temos aqui e na espiritualidade, ao nosso dispor.*

– *Por favor, mamãe, traga-os, gostaria de lê-los* – pediu Shelton. – *Talvez fique mais fácil me comunicar sem assustar tanto a médium.*

– *Filho, não está certo você ficar aqui...*

– *Sei de cor o que a senhora vai me dizer* – interrompeu Shelton. – *Desculpe-me, mas vou ficar, tenho de impedir de Tiago ser morto. Fui assassinado e não quero que ele seja! Se não quer me ajudar ou não pode, deixe-me tentar, por favor.*

– *Você vai sofrer...* – falou Clarisse, docemente.

– *Mais ainda? Era jovem, cheio de vida, com muitos planos e tudo acabado.*

– *Nada acabado, nada acaba, a vida continua e...*

– *Muito diferente* – contestou Shelton. – *Eu gostava de viver encarnado. Não é justo, não pode ser justo! Não quero isso para Tiago! Por favor, mamãe, não interfira! Vá embora!*

Clarisse ficou quieta por instantes e depois perguntou:

– *Acha que seu pai casa com essa moça, a Ivany?*

— *Se eu puder impedir, não! A senhora sabe quem são as duas, não sabe?*

— *Sei, José Antônio não merece! Agora vou. Se acontecer algo, já sabe, refugie-se no quarto de orações. Que Deus o abençoe!* — ela se despediu, beijando-o.

Clarisse saiu, deixando o filho na varanda. Ela foi ao quarto ou sala de orações. Era um local pequeno, no final do corredor, entre os quartos. Ali havia um altar com imagens, onde todos da casa costumavam rezar.

"Orei muito aqui", pensou Clarisse, saudosa, *"principalmente para meus filhos serem felizes. Maísa, a minha filha, a mais velha, está bem, casou-se, tem dois filhos lindos e sadios, mora longe, em outro país, está feliz. Shelton desencarnou e não aceita sua mudança, está revoltado. Até que entendo, foi assassinado! Ai, meu Deus, proteja--o! Sei que o Senhor ama a pessoa que o matou. Entendo que goste de todos seus filhos igualmente, mas proteja o meu, o nosso Shelton."*

Orou com devoção. Clarisse sempre orou muito. Foi feliz naquele lar, ficou doente, sofreu com resignação, desencarnou, mereceu ser socorrida e aceitou a mudança e agora amava viver na espiritualidade. Pela doença, ela sabia que ia partir e foi se acostumando com a ideia de deixá-los. Amava o marido e os filhos, que eram pequenos, sabia que eles precisavam dela, porém entendeu, com a ajuda de orientadores espirituais, que não poderia voltar, agora sua forma de viver era diferente. Magoou um pouco quando, um ano depois, José Antônio casou-se novamente. Orou por eles, vencendo o egoísmo, quis que fossem felizes.

No começo, o ex-marido e Magda, sua segunda esposa, combinavam, e tudo parecia bem. Tiago nasceu, os anos passaram, as crianças cresceram. Maísa foi estudar fora do país, conheceu Artur, casou-se, e Shelton estava contente, foi trabalhar com o pai. O casal passou a se desentender, separaram-se e logo José Antônio conheceu Ivany e noivou. Shelton desencarnou, para todos foi um acidente, mas foi assassinado. Ele também teve o merecimento de um socorro, de ajuda, foi levado para um posto de socorro, onde ficou um período, quando se recuperou e lembrou-se de tudo, ficou muito indignado e, quando soube que planejavam também assassinar seu meio-irmão, Tiago, desesperou-se e saiu da casa que o abrigava, veio para seu antigo lar, e ali estava, empenhado para impedir que Tiago fosse morto. Clarisse, por mais que falasse, pedisse, explicasse dos perigos de ficar entre os encarnados sem preparo ou permissão, não conseguia convencê-lo.

Depois de orar muito, Clarisse voltou para a colônia, local onde trabalhava e morava.

Shelton ficara sentado em um banco na varanda, pensando, tinha de planejar muito bem suas ações se quisesse ter êxito. Não podia assustar a garota. Resolveu conversar no outro dia com ela, durante o passeio que fariam. Tentaria não assustá-la.

"Com Valter aqui, talvez se torne mais fácil!", concluiu Shelton.

As garotas terminaram o jantar e saíram para a varanda. Shelton, não querendo que Paula o visse, escondeu-se atrás de uma coluna. As meninas se despediram.

– Garotas – recomendou Nelisa –, vão para o alojamento e podem ficar conversando, mas não demorem a dormir. Amanhã, às oito horas, sairemos para o piquenique. Irei logo mais.

As duas irmãs, assim que as garotas se afastaram, julgando-se sozinhas, conversaram baixinho. Porém, Shelton ficou escutando-as.

– Nelisa – falou Ivany –, quero apressar o casamento. Se José Antônio não tivesse feito vasectomia, engravidaria para casar mais rápido. Ele está arredio, já adiou nosso casamento por três vezes. Parece que sabe.

— Vim para cá para ajudá-la – disse Nelisa, determinada. – Sempre achamos soluções, não é? Acharemos também desta vez. Nada nos atrapalhará. Não o pressione, ajude-o, seja doce e amante. Consigo tudo o que quero, e eu quero para você esse casamento. Fique tranquila! Você sabe que nada me detém.

— Só você, maninha, para me tranquilizar. Confio em você, nos seus conselhos. Agora vá, vou agradar aquele velho. Amanhã, como José Antônio vai cedo para a cidade, irei com você ao piquenique. Vou me distrair e ver se consigo levar o Tiago.

— Será babá daquele doente!

— Não por muito tempo! – exclamou.

As duas riram e abraçaram-se, se despedindo. Nelisa foi para o alojamento e entrou. Shelton esmurrou o pilar com raiva e gritou:

— *Megeras, vocês não conseguirão! Tenho de impedir!*

Havia decidido não aparecer para a garota naquela noite, mas, com raiva, foi ao alojamento. As meninas, cansadas, foram dormir. Paula e Cássia conversavam no quarto, quando Paula viu Shelton.

— Cássia! Cássia! Ele está ali!

— Ali? – perguntou Cássia, baixinho.

Olhou para o local indicado e não viu nada. Levantou-se da sua cama, sentou na da amiga, e segurou as mãos de Paula e balbuciou:

— Pergunte o que ele quer.

Paula perguntou baixinho, segurando com força as mãos da amiga.

— O que você quer, alma do outro mundo? Sabe que não é educado entrar no quarto sem bater, sem ser convidado?

– *Desculpe-me!* – pediu Shelton. – *Se não estivesse aflito, revoltado, iria achar engraçado vendo-as tremer de medo, mas assim mesmo conversando comigo.*

– O que ele falou? – perguntou Cássia, curiosa.

– Ele pediu desculpas – respondeu Paula e olhou para ele e pediu: – O senhor, por favor, fale o que quer e me deixe em paz.

– Deixe claro para ele, Paula, que não pode pedir algo impossível, explique que ele é morto e que não deve mais ficar aqui.

Quando Cássia acabou de falar, Shelton disse a Paula:

– *Não precisa repetir, eu escutei. Não quero assustá-la nem fazer mal.*

Paula repetiu e Cássia falou:

– Não quer fazer o mal, mas está fazendo. Por favor, senhor morto, deixe minha amiga em paz. Ela é somente uma garota órfã, e é a primeira vez que sai da escola. Se o senhor continuar atormentando-a, iremos com certeza voltar para o internato.

– *Não quero isso!*

Shelton falava e Paula repetia baixinho para Cássia escutar.

– O que quer, então? – perguntou Cássia. – Que dê algum recado?

– *Não, não quero que falem a mais ninguém que estou aparecendo. Não falem às outras meninas, à diretora nem a ninguém da casa. Não quero mandar recados.*

– Menos mal – falou Cássia. – Se não quer que dê recados, o que quer? Orações?

– *Orações são sempre úteis, nos ajudam sempre, seja para quem ora como para quem as recebe, são energias benéficas. Quero que me auxiliem. Preciso muito que me ajudem! Depois de amanhã, meu amigo de infância que é como vocês, vivos aí no corpo, chegará à Água Funda e, com ajuda dele, quero que façam algo para mim.*

– O que é? – perguntou Paula.

Cássia não esperou pela resposta, comentou:

– Você morreu e não se conformou? Não deve ser fácil, mas é a vida, nascemos e morremos.

– *Você tem razão, nascemos e morremos. Mas temos várias maneiras de morrer* – Shelton fez uma pausa, Paula viu-o passar as mãos na cabeça, ele olhou-a fixamente e falou: – *Fui assassinado e quero que vocês e meu amigo Valter descubram quem foi.*

– O que mais ele falou? Que mais? – perguntou Cássia.

– Não está falando mais, ele sumiu depois de dizer que foi assassinado.

– Assassinado?! – exclamou Cássia, indignada. – Mas como? Que fantasma abusado! Dá uma notícia desta e some. Deveria ter dito quem é o assassino.

– Cássia, você está com medo? – a mocinha quis saber.

– Estou, mas não muito. Se visse e ouvisse teria mais. Acho que esse desencarnando está brincando conosco. Vamos ver se depois de amanhã chegará aqui esse amigo dele, o tal de Valter. Mas por que ele não disse quem o assassinou?

– Cássia, se ele falar, para que iria adiantar? Shelton, o desencarnando, nos diz "é fulano", e aí o que faço ou o que faremos? Vou até o senhor José Antônio e digo: vi seu filho morto e ele me disse que sicrano o matou.

– Fulano ou sicrano? – perguntou Cássia, rindo.

– Ora, Cássia! – exclamou Paula, séria.

– Não fique brava, foi somente uma brincadeira. Esse espírito tem razão. Se não foi acidente e foi assassinato, ele deve estar querendo que o crime seja desvendado e que os culpados paguem por isso. Ainda bem que não quer dar recado.

– Ainda bem – respondeu Paula. – Estou com muito medo. Vamos encostar as camas e dormir com a luz acesa?

Cássia, rápido, encostou as camas, deitaram e deixaram a luz acesa.

— Vamos orar, Paula, para Deus dar sossego a esse espírito?

— Vamos!

E oraram até que adormeceram.

O espírito de Paula afastou-se do corpo adormecido, olhou com cautela pelo quarto e não viu nada, saiu do apartamento, do alojamento, e foi para o jardim. Viu uma luz, quis correr, mas escutou:

— *Paula, filha, espere!*

Ao escutar "filha", Paula parou, sobressaltada.

"Será minha mãe?", pensou.

Viu uma senhora rodeada de luzes a sorrir docemente.

— Minha mãe! — exclamou, emocionada.

— *Não sou sua mãe, desculpe-me se a confundi. Sou a mãe de Shelton.*

— Por favor, senhora, peça para seu filho não me perturbar. Não gosto de ver morto — pediu Paula.

— *Estamos sempre vivos...*

— Eu sei, ou penso que sei, mas assim mesmo não gosto de vê-los.

— *Shelton, meu filho, está inquieto, não consegue ter sossego enquanto não desvendar o mistério de sua desencarnação. Você não pode ajudá-lo?*

— Não! — respondeu Paula, depressa.

— *Peço-lhe, então, para não falar nada a ninguém. Nem à sua diretora.*

— Ela poderá ajudar!

— *Não!* — reagiu a senhora desencarnada. — *Deixe-a fora disso. Com certeza achará ruim ou que você mente. Prometa! Não fale!*

– Vou prometer porque acho que tem razão. Não irão acreditar e vou prejudicar a todas. Dona Nelisa está contente aqui, ela quer muito bem à irmã e quer passar as férias com ela. Aconteça o que acontecer, não vou falar.

– *Repita isso muitas vezes e volte, querida. Vá descansar!* – pediu Clarisse.

Paula repetiu e acordou com Nelisa batendo na porta.

– Acordem, meninas! Após o desjejum, iremos ao piquenique.

– Vamos levantar, Paula, e colocar rápido as camas no lugar. Você dormiu bem?

– Senti muito medo, mas estava cansada e dormi. Cássia, vamos prometer não contar a ninguém o que aconteceu ontem à noite, da visita do morto, ou desencarnando, do Shelton defunto. Você promete?

– Eu prometo, acho que é o certo. Se não quisermos encrencas e você ser tachada de mentirosa ou louca é melhor guardar segredo. Se Fabiana desconfiar, teremos aborrecimentos.

– Já recebi muitos castigos por ver espíritos – falou Paula –, não quero mais ser prejudicada. Vou ignorar esse espírito. Se não falarmos a ninguém, ele se cansará. Afinal, que nos importa se ele morreu de acidente ou assassinado?

– Não deveríamos nos importar – disse Cássia –, mas devemos. Se o assassino nos matar também? Quem mata uma vez pode matar outras mais. Mas vamos prometer, é melhor que não falemos a ninguém.

– Eu prometo!

– Eu também!

Shelton, que as escutava, sorriu:

– *É isso aí garotas! Segredo!*

E elas passaram um dia esplêndido.

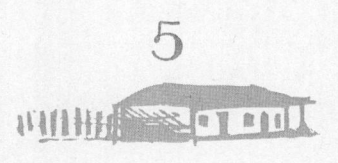

O amigo

O DIA AMANHECEU NUBLADO; AS meninas, após tomarem o café da manhã, foram ao pomar, Cássia não quis ir, ficou num balanço, embaixo de uma frondosa árvore. Ao sair, Paula viu Shelton, que lhe sorriu e lhe acenou com a mão um tchauzinho.

"Ele parece contente", pensou ela. "Ainda bem que foi para a casa".

De fato, Shelton foi para a entrada da propriedade, esperava alguém, e logo um hóspede chegou à Água Funda. Um moço veio dirigindo um carro, saiu do veículo, olhou tudo saudoso e suspirou.

"Que saudades do meu amigo! Aqui não é, não pode ser como antes", pensou o moço.

Shelton, o desencarnado, olhava-o com carinho.

– *Você tem que me ajudar, amigo! Como sempre, conto com você. Também sinto sua falta.*

– Valter! Valter! Venha me dar um abraço! Estou esperando-o para tomarmos juntos o café da manhã. Como está você?

José Antônio veio recebê-lo e abraçou o amigo do filho com carinho.

– Estou bem, senhor José Antônio. Agradeço seu convite. Mas como está o senhor?

– Vamos indo. Entre. Um empregado depois irá tirar sua bagagem do carro. Você quer mesmo ficar no alojamento?

– Por favor, gostaria de ficar lá, não quero incomodar – respondeu Valter.

– Não incomoda. Você sempre gostou de ficar lá. Lembra das férias? Shelton ia para lá também.

Os dois entraram, tomaram o café, e o senhor José Antônio o chamou para ir ao escritório.

– Valter, estou contente por estar aqui, queria muito lhe falar pessoalmente.

– O senhor parece preocupado, vim por isso – falou Valter.

– Obrigado – agradeceu o senhor José Antônio. – Espero que tenha vindo também para descansar. Conte-me: porque saiu da polícia? Não era isso que queria? Lembro que desde garoto você gostava de investigar. Você e Shelton brincavam de descobrir mistérios.

– A polícia me decepcionou – respondeu o moço. – Existem muitas pessoas boas na corporação, mas também, como em qualquer outra área, há os que não o são. Até que me esforcei, tentei, mas não deu. A culpa é minha, idealizei algo que não existia. Quando nos desiludimos com algo ou alguém, a culpa é nossa, somos nós não aceitamos como eles são. Como falei por telefone, vou abrir um escritório de investigação. Trabalharei numa pequena sala, onde farei meu escritório. Ia abri-lo por esses dias, mas como o senhor me convidou eu quis rever todos e especialmente Tiago, então deixei para inaugurá-lo depois. Trabalharei sozinho, não sei nem quanto vou ganhar, mas o bom é que farei o que eu quero, aceito o trabalho que me convém.

Ficaram em silêncio por momentos. Shelton estava atento à conversa. Achou que o amigo agira certo. Estava torcendo para o pai falar de suas preocupações e tenso porque não conseguia fazer valer sua vontade. Nenhum dos dois era médium e era difícil influenciá-los.

– Valter...

– Quer...

Os dois falaram juntos e sorriram. Como o senhor José Antônio fez sinal, Valter falou:

– Não voltei mais aqui desde o trágico acidente e ainda sinto muito a falta de Shelton. Conversei com o senhor somente duas vezes por telefone. Sinto que está preocupado. O que está acontecendo?

– Preocupado e saudoso – respondeu o senhor José Antônio. – Preocupado porque Tiago está adoentado. Já o levei a diversos especialistas, os diagnósticos são muitos e os resultados, nulos. Meu filho está fraco, cansado e desanimado. Queria realmente vê-lo, conversar com você, falar algo que me aborreceu muito. Tentei esquecer esse assunto, mas ultimamente tenho pensado muito nele, ficado inquieto. Valter, você sempre foi amigo de Shelton, ele gostava de você como se fosse irmão e sei que também gostava dele. Responda-me algo que me atormenta: Shelton usava drogas?

– O quê?! Drogas? – Valter se espantou. – Nunca! Shelton e eu nunca usamos drogas. Por quê?

– Você sabe como foi o acidente em que meu filho morreu? Sabe como aconteceu? – perguntou José Antônio.

– Sei e não sei. Não consegui entender, Shelton dirigia muito bem e sempre foi cauteloso – respondeu Valter.

– Nem eu consigo entender – falou José Antônio, emocionado. – Naquela noite, Shelton chegou, nós dois discutimos, e ele voltou a sair, estava correndo, não fez a curva, o carro caiu, incendiou-se e ele morreu. Isso todos sabem. Foi feito um exame, uma autópsia, e ficou constatado que havia uma substância tóxica no seu organismo.

— Não pode ser! — exclamou Valter.

— É verdade! Talvez seja por isso que Shelton não tenha conseguido fazer aquela curva.

— Senhor José Antônio, Shelton não usava drogas.

— Isso que me intriga. Nunca percebi nada. Queria ouvir de você, como seu melhor amigo, achei que deveria saber. Você não sabia de nada mesmo?

— Shelton e eu juramos quando adolescentes nunca fazer uso de tóxicos. Nem experimentamos. Eu não acredito que Shelton tenha usado alguma droga. Será que o exame não está errado?

— É difícil errar, o exame é simples — respondeu o senhor José Antônio. — Fui conversar com o médico legista e ele me disse que tudo indica que Shelton não estava viciado, mas que foi constatado haver uma droga forte em seu organismo, e, se eu quisesse, ele poderia exumar o corpo para fazer outros testes. Não quis. Essa dúvida me magoa.

— O senhor quer que eu investigue? — perguntou Valter.

— Não o convidei para que trabalhasse, o fiz porque queria perguntar se sabia do envolvimento do meu filho com as drogas. E para desfrutar de sua companhia.

— Vou ver se descubro, sei bem quem são as pessoas que vendem e os usuários da cidade. Mas eu lhe garanto: Shelton não usava drogas.

— Ninguém além de mim aqui, e agora você, sabe sobre isso. Conto com sua discrição. Falar me fez bem, esse segredo estava me sufocando. Como gostaria de saber o que aconteceu de fato com meu filho! – o senhor José Antônio suspirou e mudou de assunto. – Tenho de ir trabalhar, conversamos no jantar. Você conhece Ivany? Ela também está aqui, estamos noivos.

– Conheço. A última vez que estive aqui o senhor a trouxe para jantar. Lembro que Shelton...

– Pode dizer, Valter, sei que meu filho não gostava de Ivany. E nossa discussão naquela noite trágica foi por causa dela. Shelton achava-a interesseira, que se casaria comigo pelo meu dinheiro, eu disse que casaria com separação de bens, ele afirmava que ela daria um jeito de me tirar dinheiro. Acho que não casei ainda por isso. Ivany sabia que Shelton não simpatizava com ela e tudo fez para agradar-lhe. Tiago gosta dela, e minha noiva tem sido uma boa companhia.

– Vai casar? – quis Valter saber.

– Não tenho idade para noivado longo, talvez case logo. O que me preocupa é o Tiago. Ele tem ficado muito comigo. Magda, a mãe dele, continua morando na cidade. Ele está aqui, vai gostar de vê-lo. Já estou atrasado, tenho uma reunião e ainda tenho de me trocar, depois conversaremos.

O senhor José Antônio saiu e Valter foi à sala e encontrou Benício.

– Você ainda por aqui? Já sei, não consegue arrumar outro emprego! – falou Valter, sorrindo.

– E você, por que está aqui? Seu amiguinho que o protegia morreu... Achei que teria o prazer de não vê-lo mais – respondeu Benício, também sorrindo.

Bastava vê-los para saber que não se simpatizavam. Benício ergueu bem a cabeça e saiu da sala.

"Chato como sempre", pensou Valter. "Não sei como uma pessoa pode ser tão desagradável assim. Mas deve trabalhar direito, ainda é secretário do senhor José Antônio."

Benício era filho de Magda e quando ela casou-se com o senhor José Antônio, ele veio morar na Água Funda. Shelton não gostava dele, tinham os três a mesma idade; enquanto os dois, Valter e Shelton, brincavam, Benício ficava na biblioteca e tinha outros amigos, os dois não gostavam dele nem ele deles. Shelton gostou de ter outro irmão, gostava de Tiago e até de Magda, a irresponsável madrasta que dava muitas festas. O casamento não deu certo, separaram-se. Ela recebia volumosa pensão, foi morar na cidade, e Tiago ficou morando com o pai, mas visitava sempre a mãe, ficando alguns dias com ela. Benício formou-se e passou a trabalhar com o padrasto. Depois, se tornou secretário dele. Adultos, Shelton continuou evitando Benício, dizia que não sabia o que, mas algo nele o desagradava.

"Era inveja!", pensou Valter. "Benício sempre invejou meu amigo".

Aproximou-se da lareira, olhou a foto de Shelton sorrindo, colocou o porta-retratos junto do peito.

"Shelton! Não acredito! Você não usou ou usava drogas! Vou descobrir o que aconteceu. Não entendi o porquê de sentir tanta vontade de vir aqui, agora sei e vou esclarecer isso!"

Colocou o porta-retratos no lugar e escutou:

– Valter! Valter!

Era Tiago com Alzira, a empregada que fora babá dele e que ainda julgava que deveria protegê-lo. Abraçaram-se.

– Valter, que bom revê-lo! Você me ensina aquele jogo que tem de descobrir quem matou? Shelton sempre ganhava, ele disse que ia me ensinar a ganhar, mas não o fez.

– Vou ensiná-lo, mas vamos também nadar no lago – respondeu Valter.

– Ele não pode – afirmou Alzira. – Pode ficar doente, a água é fria.

– Você está vendo como ela me trata? – perguntou Tiago.
– Mas é verdade, estou muito desanimado. Não melhoro. Vou com você até o alojamento. Você foi informado que não ficará sozinho?

– Quem está hospedado lá? – quis Valter saber.

– Não é quem, não é uma pessoa – respondeu Tiago. – São muitas, e você gostará, são seis meninas do internato que vieram com a diretora passar uns dias aqui. A diretora da escola é irmã da Ivany.

– Seis meninas? – perguntou Valter, aborrecido. Ele não tinha paciência com crianças.

– São mocinhas – informou Alzira –, bonitas e educadas. São umas adolescentes e não vão para casa nas férias. O senhor José Antônio as convidou, elas estão se divertindo bastante e não irão incomodá-lo.

– Você poderia ficar na casa, não sei por que não quer – falou Tiago.

– Sempre gostei de ficar lá – respondeu Valter.

Mas Valter julgou que ficaria sozinho no alojamento para descansar, recordar e agora para pensar e entender o porquê de terem achado vestígio de drogas no corpo de Shelton.

– Vou com você até o alojamento – decidiu Tiago.

– Foram ao carro e, de fato, um empregado, como o senhor José Antônio ordenara, já tinha levado suas malas até o apartamento que ocuparia. Tiago foi falando pelo caminho, estava contente por ele estar ali. Shelton estava emocionado:

– *Não irão matá-lo, meu irmão, não se eu puder impedir, ou pudermos, Valter, a garota que me vê e eu.*

Passaram por Cássia, que se levantou rápido do balanço, cumprimentando-os.

– Ainda não nos vimos, mas sou o Tiago, filho do senhor José Antônio, e este é nosso amigo, Valter, veio passar uns dias aqui.

– Ah, sim? Que bom!

Cássia não sabia o que dizer, ainda bem que Tiago mostrou algo para o moço e os dois não prestaram mais atenção nela. Na mente da garota ressoava um nome: Valter!

Começou a chover, as meninas foram para uma cobertura no pomar. Paula, como tinha visto Cássia ir para o alojamento, correu para lá, chegou ofegante, viu a amiga assustada.

– O que foi, Cássia? – perguntou Paula.

– Temos mais um hóspede no alojamento, é um moço... – respondeu Cássia.

Paula sorriu, estendeu a mão para cumprimentá-lo e gelou quando ouviu Cássia completar a frase:

– Ele se chama Valter!

Paula respirou fundo e se esforçou para falar:

– Muito prazer, eu sou Paula.

Os dois entraram no apartamento e Tiago comentou baixinho:

– Acho que seria melhor se fossem crianças. Você reparou? As duas mocinhas parecem que nunca viram um rapaz. Você será disputado a tapas.

– Não fale besteira – disse Valter. – Elas somente se surpreenderam, talvez não esperassem outro hóspede.

– Você arrasa! – exclamou Tiago.

– Esqueçamos essas jovens. Trouxe-lhe um presente, aqui está.

Tiago, contente, abriu o pacote.

– Um jogo? Vamos jogar?

– Vamos!

Valter achou o comportamento das duas jovens muito estranho e resolveu que ia evitá-las, não estava a fim de arrumar confusão.

Paula e Cássia, assim que Valter e Tiago entraram no apartamento, foram também para o delas.

– Você viu? Ele se chama Valter, como o fantasma afirmou. – falou Cássia, nervosa.

– Não será coincidência? – indagou Paula.

– Ora – respondeu Cássia –, coincidência até existe, mas não desse modo. O moço morto sabia o que dizia. O que vamos fazer agora?

– Nada, fingir que está tudo bem.

– E está? – perguntou Cássia.

– Acho que sim. Vamos evitar esse moço.

– Qual deles? O morto ou o vivo?

– Vivos sempre estamos – respondeu Paula. – É melhor evitar os dois.

– Esse Valter é fácil, é só não ir aonde ele estiver. Mas o defunto, como evitá-lo? – Cássia quis saber.

– Espero que ele não venha onde estivermos ou onde estou.

Shelton escutava-as e pensou, esperançoso:

"Infelizmente, garota sensitiva, não há outro modo, você vai me ajudar, queira ou não. Agora vou ler o livro que mamãe me trouxe, talvez nós dois, Paula e eu, lendo, entenderemos melhor esse intercâmbio."

A chuva não parou, foram almoçar, se cobrindo com guarda-chuva. Rindo, se divertiram com a situação. Após a refeição, voltaram ao alojamento. Valter e Tiago também foram almoçar e, como prometera, Valter ensinou o garoto a jogar e como fazer para ganhar.

– Iria ganhar até de Shelton! – afirmou Valter.

– Vamos convidar as meninas para jogar? – pediu Tiago.
– Ensinaremos a elas o básico, assim ganharemos.

E foram jogar. Paula e Cássia estavam alegres, resolveram esquecer assuntos desagradáveis. No caso, Shelton, o desencarnado. Valter desfez a má impressão que tivera delas. Jogaram a tarde toda, e Tiago ficou eufórico, ganhou bastante. Mas também conversaram.

– A propriedade de seu pai é muito linda! – elogiou Luciana.

– Achei muito bonita a parte alta, a floresta – opinou Júlia. – Deve haver muitas espécies de árvores e animais. É difícil ir lá? Será que não poderíamos ir?

– Não é fácil andar por lá – explicou Tiago. – Sem alguém que conheça a área, é perigoso se perder. Valter, Benício quer que papai faça lá um loteamento de pequenas chácaras. Eu não quero! No projeto, grande parte da mata será desmatada.

– Acho que você tem razão em ficar contra – concordou Luciana.

– Por que Benício foi ter essa ideia?! – exclamou Valter. – O planeta está precisando de verde. Construir naquela área destruirá muitas árvores e, com certeza, a maioria dos animais, não tendo onde morar, morrerão. Você, Tiago, deve argumentar com o seu pai para que não faça isso.

– As pessoas não têm dado importância à natureza – falou Fabiana. – Agridem, e a natureza reage. Se a Terra acabar, morreremos, não teremos onde viver.

– Vocês têm razão – concordou Valter. – Nós fazemos parte da natureza; acabando com ela, acabamos conosco.

– Ficaram juntos até serem chamados para jantar. Depois, as meninas reuniram-se em um dos apartamentos.

– Dona Nelisa não está nos vigiando. Somente pergunta: 'tudo bem?' Que diretora excelente! – opinou Luciana.

– Sabendo que tudo está bem – falou Júlia –, não precisa mesmo ficar nos vigiando, ela está contente por estar perto da irmã. Devemos fazer tudo direitinho, e as férias continuarão maravilhosas!

– Deus nos livre de termos de voltar à escola! – exclamou Eleonora. – Não devemos dar motivos para dona Nelisa se preocupar conosco. Não estamos nem brigando, ninguém discutiu.

– Quando estamos contentes, é mais fácil nos tolerarmos e tolerar os outros – falou Luciana. – Se estivéssemos na escola, já teríamos brigado muito. Aqui, temos muitas coisas para fazer, e acho que estamos sendo simpáticas. Falando em simpáticas, o que acharam de Tiago e Valter?

– Tiago é um garoto bonito, mas está parecendo doente e ganhou fácil o jogo – respondeu Cássia.

– Eu achei Valter bonito – opinou Júlia. – É solteiro! Foi amigo do Shelton, o filho morto do senhor José Antônio.

– Lembro-as de que não estamos aqui para namorar – alertou Fabiana.

– Meninas! – falou Nelisa, abrindo a porta do quarto em que elas estavam. – Amanhã, levantem mais cedo, se troquem porque após o desjejum vamos passear na cidade, iremos de perua. E, por favor, meninas, lá ninguém deve se separar do grupo e não façam nada diferente sem me perguntar primeiro. Almoçaremos por lá, talvez; se isso ocorrer, minha irmã pagará. Sejam educadas, continuem assim que está bom. O senhor José Antônio as elogiou, disse-me que vocês são obedientes e delicadas. Fiquei contente e orgulhosa. Boa noite!

Ela saiu, Cássia exclamou, suspirando:

– Queria que ela fosse minha mãe!

– Acho que todas nós queríamos – concordou Eleonora.
– Vocês ouviram meninas? Devemos continuar assim. E vamos, não é?

Despediram-se e foram dormir. Paula comentou com Cássia:

– Não vou deixar nenhum fantasma estragar nossas férias. Não vou mesmo!

– *Será que não vai mesmo?*

Paula arrepiou-se ao ouvir Shelton falar tristemente.

– Não vou! – repetiu Paula.

– Paula, por que você está repetindo? – perguntou Cássia.

– Somente estou afirmando que nada mesmo deve atrapalhar.

– Espero que o defunto não a perturbe. Vamos dormir?

Apagaram a luz. Paula viu Shelton sair.

"Ele está triste, mas não posso fazer nada! Não sei! Não quero! Não devo!"

E orou até adormecer.

Valter jantou com o senhor José Antônio, Ivany, Nelisa, Tiago e Benício. O garoto contou entusiasmado do jogo em que ganhou. O pai sorriu contente. Depois do jantar, Tiago foi dormir, Ivany foi acompanhá-lo ao seu quarto, Benício se desculpou e saiu da sala, Nelisa se despediu. O senhor José Antônio falou a Valter:

– Você conseguiu pensar no que lhe falei?

– Não muito, fiquei com Tiago, ele sente muito a falta do irmão. Mas tenho certeza de que Shelton não usou ou usava drogas. Algo está errado. Faro de investigador! Vou descobrir!

– Ficarei grato a você, Valter, se descobrir alguma coisa que me tranquilize. Quero saber a verdade, embora entenda que o resultado não trará meu filho de volta. Mas gostaria de saber o que de fato aconteceu. Você pode fazer o que quiser. O fato ficará somente entre nós dois.

– Combinado! – afirmou Valter.

Iam continuar conversando sobre o assunto, quando Ivany retornou. Valter ficou um pouco e prestou atenção, disfarçadamente, na moça.

"Parece muito dissimulada. É perigosa!", concluiu.

Despediu-se e foi para o alojamento. Tudo silencioso, as meninas já haviam ido dormir.

"Tive uma má impressão", pensou ele, "das duas primeiras que vi pela manhã, a Paula e a Cássia, mas acho que foi a surpresa. Depois se tornaram simpáticas. Paula não é estranha. Achei-a bonita e interessante. Espero que essas mocinhas não me atrapalhem, pretendo trabalhar e saber o que aconteceu com Shelton. Sofri com a morte do meu amigo, achei que foi uma fatalidade. Agora já não penso mais assim e vou desvendar esse mistério. Mas o que não está certo? Drogas? Não acredito! Estou achando tudo muito estranho."

Também foi dormir.

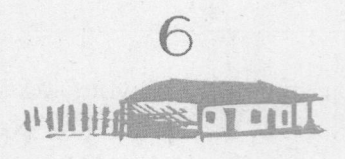

6

Os objetos guardados

SHELTON FICOU NA VARANDA DA casa, entediado, sem saber o que fazer. Lastimou mais uma vez, pois lamentava muito o fato de ter desencarnado, quando viu Benício sair e ficou observando-o.

"Parece que ele vai se encontrar com alguém! Quem? Será que Benício está namorando? Paspalho! Nunca gostei desse sujeito. Invejoso! Sei que é feio, mas vou bisbilhotar. Afinal, estar morto pode ter vantagens."

Seguiu-o. Benício atravessou o jardim com cuidado, para não ser visto, passando atrás dos canteiros, rumou para as casas dos empregados. Alguns funcionários, tanto os que serviam na casa, como os da fazenda, moravam ali. Eram oito casas boas, grandes, confortáveis, seguidas umas das outras; à frente, uma estrada pavimentada, tudo muito arrumado. Viu quando ele parou na frente da terceira casa, jogou pedrinhas na janela e esperou. Shelton sabia quem morava ali, era um empregado antigo, a mulher dele era cozinheira na mansão. O casal tinha três filhos, os dois rapazes trabalhavam na cidade; a filha, a caçula Elizângela, estudava e, nas férias e nos finais de semana, trabalhava, ajudando na arrumação da casa. Elizângela era uma moça bonita e foi ela que saiu da casa. Os dois conversavam baixinho. Shelton aproximou-se para escutar.

— Já lhe pedi muitas vezes para você não vir aqui — censurou a moça.

— Não podemos conversar um pouquinho? — perguntou Benício.

— Não quero conversar com você nem aqui nem em qualquer outro local. Meu pai pode ver.

— O que tem de mais nisso? — indagou Benício, sorrindo. — Somos solteiros e podemos ter compromisso.

— Benício, já lhe falei que não quero namorar você.

— Porque sou pobre? De Shelton você seria até amante.

— Não sei como você descobriu meu sentimento por ele — suspirou Elizângela. — Nunca, ouviu bem? Não seria amante dele nem de ninguém. Não quero namorá-lo, não é porque você é pobre, acho-o um bom partido, tem um bom emprego. Mas é que quero estudar, acabar meu curso, estou até estudando nas férias, três vezes por semana vou à cidade, à escola, fazer cursos, estou me preparando, quero ir para uma universidade. Namorar não está nos meus planos.

— Elizângela — falou Benício devagar, olhando-a enamorado —, tenho tido paciência com você. Sabe que posso despedir seus pais? Se fizer isso, não poderá mais estudar. Eles estão velhos para arrumar outros empregos e novos ainda para se aposentar. Se tiverem de mudar daqui, terão de pagar aluguel e acabará sua vida mansa de estudante.

— Benício — suplicou Elizângela —, não leve o fato de não querer namorá-lo a esse extremo. Você também é empregado!

— De confiança! — respondeu Benício. — Faço o que quero, meu padrasto confia em mim e, com esse noivado que absorve todo seu tempo, tem deixado tudo por minha conta.

Shelton percebeu que ela estava aborrecida, preocupada, torcia as mãos e respondeu:

– Amanhã tenho de levantar cedo. Boa noite!

Benício segurou-a, quis beijá-la à força, mas Elizângela empurrou-o e entrou em sua casa chorando.

– *Canalha! É isso que você é!* – exclamou Shelton, com raiva.

Benício sorriu, resmungou:

– Você, mocinha, vai ser minha! Quero namorá-la, você não quer, será então minha amante. Amante? Não, acho que gosto mesmo dela, vamos casar. É isso! Vou chantageá-la.

Voltou para a mansão pensando, planejando. Shelton achou que ele falava, porque, sem entender, escutava seus pensamentos.

"Vou fazer logo alguma coisa e tem de ser bem-feito! Forjarei um desfalque nas contas da fazenda, de forma a parecer que o pai dela é o responsável pelo roubo. Aí, descubro, mostro para Elizângela as provas e, se ela não casar comigo, coloco seu pai na prisão. Casamos e depois ela me amará. Pelo menos impeço que se case com algum outro. E se ela continuar a não me querer, para ficarmos casados, farei outras chantagens. É isto o que farei!"

– *Você não pode fazer isso!* – gritou Shelton. – *Tenho de impedir! Como? Não sei! Mas vou tentar!*

Shelton não foi ouvido. Voltou para a varanda. Não quis ficar mais perto de Benício. Pensou nos pais de Elizângela, eram empregados de muitos anos de seu pai. Conheceu Elizângela menina e nunca imaginou que ela pudesse ter gostado dele. Tivera algumas namoradas, nada sério, não gostou de nenhuma e nunca se envolveu com ninguém na fazenda.

"*Será que Benício gosta dela?*", pensou. "*Pelo que ouvi, está apaixonado! Chantagista horroroso! Se pudesse falar tudo o que sei ao meu pai. Mas não posso! Acho que recebo o retorno. Nunca acreditei que os vivos, os encarnados, como está no livro, pudessem ver, ouvir a nós, os defuntos, os desencarnados. Se não acreditava e até criticava, brincando, é justo que agora não acreditem em mim. Mas acho que, mesmo acreditando, esse intercâmbio não é corriqueiro, parece ser algo difícil e raro. Os encarnados não gostam muito de conviver com os desencarnados. Pobrezinha da Elizângela! O que será que posso fazer para ajudá-la?"*

Viu sua mãe Clarisse chegar com alguns livros.

— *Shelton, trouxe outros livros para você ler, acho que gostará, e aqui está também a coleção toda de Kardec. É muito interessante!*

— *Obrigado, mamãe! Mas estou interessado mesmo em O Livro dos Médiuns. Vou lê-lo e, se der, lerei esses também. Vamos até o alojamento? Valter veio passar uns dias aqui e está lá, meu amigo está bem.*

— *Gosto do Valter e alegro-me por saber que está bem. Vamos vê-lo.*

Shelton pegou os livros, deixou-os em um canto da varanda. Sabia que aquelas obras que a mãe lhe trouxera eram plasmadas e que somente desencanados poderiam vê-los e manuseá-los.

— *Encarnados que se afastam em espírito de seu corpo físico podem vê-los e lê-los também* — esclareceu Clarisse.

Caminharam pelo jardim até os apartamentos. Atravessaram portas e viram Valter dormindo.

— *Seu amigo* — falou Clarisse —, *continua o mesmo, pela sua vibração, noto que está como antes, honesto, caridoso, uma pessoa boa.*

Saíram para a varanda do alojamento.

— *Mamãe* — disse Shelton —, *a jovem que me vê chama-se Paula.*

– *Já a conheci* – informou Clarisse –, *conversamos quando o corpo físico dela dormia e ela saiu em espírito, pedi-lhe para não falar a ninguém que está vendo você.*

– *Isso é possível?!* – Shelton surpreendeu-se. – *Fantástico! Como acontece?*

– *Se você tivesse ficado no posto de socorro, teria sido levado para uma colônia e lá iria estudar e saberia como viver corretamente como desencarnado e dos recursos existentes para nos comunicar. Encarnados têm perispíritos como o nosso, mas estão revestidos de corpos físicos. Quando estão dormindo, podem sair, e muitos nos veem e pode-se conversar.*

– *Seria interessante aprender tudo isso!* – exclamou Shelton.

– *Naqueles livros que eu lhe trouxe encontrará bem explicado esse assunto* – informou Clarisse.

– *Podemos chamar os encarnados quando estão adormecidos?* – Shelton quis saber.

– *Podemos, mas nem sempre somos atendidos.*

– *Ela se chama Paula. A senhora queria ter outra filha e dizia que chamaria Paula, não é?*

– *É verdade, gosto do nome: Paula!*

Shelton aproveitou e mentalmente chamou-a, e a garota escutou Clarisse falando seu nome; afastou-se do corpo adormecido, saiu do apartamento em espírito e foi para a varanda. Sorriu para Clarisse e foi para o jardim. Shelton escondeu-se atrás da mãe, temendo que ela o visse e voltasse para o corpo, correndo.

– *Shelton* – repreendeu Clarisse –, *isso não se faz! Você quis que eu a chamasse para você.*

– *Mamãe, quero falar com ela, pedir para que não tenha medo de mim, que eu não lhe farei mal. Tenho um plano que poderá dar certo. Papai falou a Valter do resultado do exame do meu cadáver.*

– *Cadáver! Não fale assim!*

– *Está bem, do meu corpo físico ou do que restou dele. Valter não acreditou, ficou impressionado e resolveu investigar, e, se essa menina ajudá-lo, descobrirá tudo. Não me importo comigo, já morri mesmo, mas não quero que matem Tiago. Não é justo! Não fique brava comigo! A senhora deveria me ajudar! Vou conversar com a Paula! Tchau, mamãe!*

Clarisse fez que ia embora, mas resolveu ficar mais um pouco. Sabia do perigo que Shelton corria. Desencarnados arruaceiros ou até maldosos poderiam pegar o filho e maltratá-lo. Mas ele não queria ficar em um abrigo na espiritualidade e seu livre-arbítrio era respeitado.

Shelton aproximou-se de Paula devagar, com delicadeza.

– *Boa noite! Por favor, sou bom, não tenha medo! Não quero assustá-la! Converse comigo!* – pediu, com expressão de piedade.

Paula o olhou, ia levantar, mas teve dó do moço, que a olhava implorando.

– *Só quero falar um pouquinho com você. Morri, mas continuo vivo e não tenho sossego porque quero fazer algo e não consigo.*

– Eu não faço nada! Não sei! – exclamou Paula, depressa.

– *Não quero que fale nada ao meu pai. Quero somente lhe mostrar algo. Venha comigo!* – pediu Shelton.

– Não vou! É perigoso! Não vou a lugar nenhum com mortos, ou seja, desencarnados.

– *Faz muito bem. Desencarnados são como encarnados, existem bons e maus. Mas eu sou do bem. Você não ouviu Tiago e Valter falarem de mim?*

Paula hesitou, olhou para ele, examinando-o, concluiu que ele não oferecia perigo, perguntou:

– O que você quer me mostrar?

– *Está ali perto, no parque, em uma pedra. Há tempo, escondi lá algo que não era meu. Agora, quero que o dono encontre. Que você mostre a ele.*

– Puxa! Só por isso é que você não tem sossego? Por algo simples assim? Está bem, me mostre, mas não prometo, vou pensar primeiro para falar.

– *Venha comigo!*

Shelton ia pegar na mão dela, mas Paula não permitiu, os dois andaram até o final do jardim, onde existiam uns brinquedos infantis, gangorra, escorregadores, uns balanços.

– *É aqui!* – mostrou Shelton.

– Onde? – perguntou Paula.

Ele apontou para um canteiro que tinha duas pedras.

– *Preste atenção* – pediu Shelton –, *é aqui, basta enfiar a mão, cavar, tirando um pouco de terra, e achará embrulhados em um plástico alguns objetos de Valter. Traga-o aqui, mostre e diga a ele o seguinte: Não tomei nada! Nunca fiz uso da negrete. Repete!*

– Você não tomou nada e não fez uso da negrinha.

– *Negrete!*

– Negrete! O que é isso? – perguntou Paula, curiosa.

– *Não precisa entender, é só falar. Muito obrigado, moça! Deus a abençoe! Mil obrigados!*

– De nada. Mas não prometi. Vou pensar. Se falar, você me dá sossego? – quis Paula saber.

– *Por que não fazer um favor para este pobre morto que não tem paz?* – perguntou Shelton, com cara de piedade. – *Por favor! Por favor! Você não sabe como é ruim estar morto.*

– É muito ruim morrer? – perguntou Paula.

– *Morrer até que não é, o duro mesmo é continuar vivendo depois que o corpo físico morre. É confuso! Preciso me acostumar!*

– Por que você não tenta se acostumar? Você se sente preso aqui? – indagou a mocinha.

– *Deve ser isso, acho que estou preso, mas se você me ajudar...*

– Vou pensar. Agora é melhor ir. O que é isso? – Paula perguntou, se assustando.

– *São desencarnados maus. Observe a diferença entre eles e mim. Vamos correr. Volte para o corpo. Corra!*

Um grupo de cinco desencarnados aproximou-se, rindo. Shelton pegou na mão de Paula e os dois correram. Foram cercados, Shelton volitou com ela em cima das árvores do pomar. Rindo, ameaçando, o grupo aproximou-se mais. Paula sentia o coração bater forte.

– *Volte, Paula, para o seu corpo!* – pediu Shelton.

– Como faço?

– *Pense forte nele que você volta.*

– E você? – perguntou ela.

– *Me viro.*

Shelton empurrou Paula que, afobada, voltou para o corpo. Acordou suando e aflita. Olhou para Cássia, que dormia tranquilamente, suspirou aliviada. Ela orou pedindo proteção a Deus.

– Foi somente um sonho! Devo dormir de novo! – exclamou baixinho.

– E voltou a dormir.

Shelton empurrou Paula e volitou rapidamente. O grupo poderia tê-lo dominado, mas estavam se divertindo vendo-o apavorado. Perceberam que a moça estava encarnada e entenderam quando ela sumiu que voltara ao corpo físico.

– *Esses encarnados apelam sempre, refugiando-se logo no primeiro aperto, no corpo carnal!* – reclamou um deles.

– *Cadê o moço desencarnando? Não o estou vendo mais. Alguém o está vendo?* – perguntou um outro.

Shelton, rápido, entrou na mansão e escondeu-se na salinha do oratório, seguindo a recomendação de sua mãe, que lhe falara muitas vezes:

"Shelton, já que não quer ir mesmo para as moradas de desencarnados, quer ficar aqui, lembre-se de, em um aperto, vir para cá. Meu oratório é cercado, desencarnados maus não conseguem entrar aqui".

Shelton ficou ali ofegante e com medo.

"Nem sei o que esses desencarnados podem fazer comigo. Coisa boa é que não é. Vou rezar! Como a oração tem poderes! Mamãe cercou este local com a força das preces".

Ouviu-os e sentiu que eles o procuravam. Depois, não os ouviu ou sentiu mais, então adormeceu no cantinho do oratório.

Clarisse observava o filho de longe, viu quando os desencarnados cercaram os dois e entendeu que o grupo arruaceiro encontrara algo para se distrair e foi socorrê-los. O grupo não a viu, e ela ajudou Paula a voltar ao corpo, aproximou-se bem do filho, e isso o fez ficar invisível por instantes para aqueles desencarnados. Sabendo que os dois estavam protegidos, ela acalmou Paula e a fez adormecer novamente. Os desencarnados ficaram procurando Shelton, e Clarisse se fez visível a deles.

– *Por favor, senhores, peço-lhes que se retirem.*

– *A senhora é educada! Mas por que devemos nos retirar?* – perguntou um deles.

Riram.

– *Porque não os quero aqui. Sou realmente educada, mas tenho como expulsá-los. Querem ver ou preferem sair por bem?*

Eles se olharam, resolveram ir se divertir em outro lugar e saíram.

"*Tomara que não voltem*", pensou Clarisse.

Paula acordou e lembrou-se do sonho.

"Aquele moço, o Shelton, morreu e não consegue ter sossego porque pegou algo do amigo, escondeu e quer que eu lhe dê o recado e mostre onde está. Lembro de tudo. Que aperto! Uns desencarnados maus tentaram nos pegar. O que será que eles iriam fazer conosco? Nos assustar, certamente. Mas nos assustaram sem nos pegar. Shelton também sentiu medo. Ele não é mau."

Todas acordaram e foram tomar café.

Shelton acordou com sua mãe chamando-o.

– *Bom dia, mamãe! A senhora não sabe o que aconteceu ontem. Eu conversava com Paula quando uns espíritos quiseram nos pegar e...* – Shelton viu que sua mãe sorria. – *Entendi, foi a senhora que nos ajudou, não foi? Obrigado, mamãe. Me assustei mesmo! Por que será que existem bons no meio dos maus?*

– *Para dar exemplos!*

– *O quê? Como assim?* – perguntou Shelton, estranhando.

– *Aprendemos com exemplos! Os bons exemplos nos ensinam como fazer o bem. Aprendo muito com meus orientadores, com pessoas boas. Se os bons não estivessem aqui, como saber que bem pode ser feito? Se nós aprendemos, por que não ensinar a outros?*

– *É aprendendo e ensinando! Acho que vou ler os livros que a senhora me trouxe.*

– *Aprender com os bons e ensinar, por sua vez! Tenho muito trabalho, estou indo agora para a colônia onde moro. Por favor, tenha cuidado.*

Shelton, ao ficar sozinho, pegou um livro para ler, mas não conseguiu se concentrar, sentia-se obcecado, somente conseguia pensar que precisava impedir a morte de Tiago.

As seis garotas, depois do desjejum, foram à cidade com as duas irmãs. Andaram bastante, passearam pelo centro comercial e fizeram compras. Paula olhava tudo, precisava de roupas, calçados, mas não tinha dinheiro. Viu as duas irmãs conversando, e Ivany disse a ela:

— Paula, escolha duas blusas que eu vou lhe dar.

— Obrigada, mas não posso aceitar.

— Não se recusa um presente, meu bem, se ela quer lhe dar, aceite. — falou Nelisa.

Paula escolheu duas blusas e ficou muito contente. O dia foi maravilhoso, almoçaram em um restaurante. Era a primeira vez que ela ia a um restaurante. Retornaram a Água Funda à tardinha. Mas assim que voltaram ao alojamento, Paula viu Shelton, que lhe sorriu e apontou para Valter, que lia na varanda.

Valter, pela manhã, ao se levantar, soube que as garotas tinham saído. Encontrou-se com Tiago, que se queixou de cansaço e após o almoço foi descansar. E ele aproveitou a tarde para ler e pensar. As meninas chegaram eufóricas, foram guardar suas compras; depois, voltaram à varanda para jogar. Valter não quis jogar, ficou escutando-as, porque elas falavam entusiasmadas, contando do passeio. Paula também não quis jogar, permaneceu calada, isso porque Shelton estava perto dela lhe falando a todo o momento:

— *Conte a ele! Mostre a ele! Dê meu recado!*

"Que recado?" perguntou Paula em pensamento.

Ela lembrava que tinha de mostrar onde estavam os objetos, mas esquecera do recado.

— *Não lembra? Mostre a ele onde estão escondidos os objetos, eu falo o recado para que repita.*

"Me deixe em paz!", pediu a sensitiva.

Paula estava sentada perto das meninas, colocou a mão na cabeça e acabou falando:

– Me deixe!

– Deixa o quê? – perguntou Fabiana.

– A dor de cabeça! – explicou Cássia. – Nossa amiga está com dor de cabeça.

Paula olhou agradecida para a colega, que a salvara de uma explicação.

– Deve ser pela emoção. O passeio foi maravilhoso! – opinou Júlia.

– Amiga, por que não senta um pouco no jardim? Fique quieta que a dor passa – aconselhou Cássia.

Paula sorriu e saiu andando devagar pelo jardim. Valter observou-a, curioso. A primeira vez que vira aquela jovem achou-a estranha, depois percebeu que a mocinha estava somente assustada. Soube, ouvindo as meninas e Nelisa, que ela era órfã, sozinha, e nunca passara as férias fora do internato. Sem que as garotas percebessem, o policial afastou-se e foi para o jardim, com intenção de tentar ajudá-la. Observou que ela sentara em um banco que não era visto da varanda. Paula estava distraída quando Shelton sentou-se ao seu lado.

– Não me atormente! – pediu a garota, baixinho.

– *Você não cumpriu o que prometeu* – falou Shelton.

– Não prometi nada!

– *Prometeu!*

– Não prometi! – exclamou, sussurrando.

– Não prometeu o que, Paula? Falando sozinha? – Valter perguntou, parando na frente dela.

– Eu? Bem...

A sensitiva nem se assustou, os vivos encarnados já não a assustavam, mas admirou-se, não esperava que Valter viesse ao seu encontro.

– *Fale!* – insistiu o desencarnado.

— Posso ajudá-la? A dor está forte? — preocupado, Valter quis saber.

— Que dor? — perguntou Paula.

— Sua dor de cabeça — lembrou ele.

— A dor! Passou! — respondeu a mocinha.

— Você está bem mesmo? Posso ajudá-la? — perguntou Valter, novamente.

— Estou, não estou, não sei.

Valter sentou-se ao seu lado e a olhou.

"Acho que ele quer mesmo me ajudar", pensou ela.

— *Quer sim* — afirmou Shelton. — *Fale! Se não falar, não a deixo em paz.*

— Valter — disse ela —, você acredita que defunto, ou seja, bem... que existem fantasmas e que eles podem ser vistos e que podem querer algo?

Ele estranhou a pergunta, mas percebeu que a mocinha estava por demais apreensiva e perturbada, resolveu, como sempre, ajudar. Valter sempre fora assim, disposto a auxiliar os desprotegidos e oprimidos, como dizia Shelton. Por isso, não conseguira ficar na polícia, sentia pena de todos, até dos piores criminosos. Pensou rápido e achou que deveria falar que acreditava, embora nunca tivesse pensado muito sobre este assunto.

— Acredito! — respondeu ele.

— Ufa! Que bom! Fica mais fácil! — exclamou Paula, suspirando aliviada.

Shelton sorriu, afastou-se um pouco dela, sentou-se na grama à frente deles e ficou olhando-os.

— Por que, menina, não me conta o que está acontecendo? Talvez eu consiga ajudá-la — falou Valter, vagarosamente.

Em outra situação, ela acharia ruim ter sido chamada de menina, mas estava apavorada com aquele espírito olhando-a.

Sentia que, se não fizesse o que ele queria, não a deixaria em paz.

– Por que você acredita? Também vê almas? Espíritos? – quis a garota saber.

"Meu Deus", pensou o ex-policial, "a coitadinha está realmente com problemas". Sorriu e explicou:

– Minha tia-avó via e conversava com os mortos, ela dizia serem espíritos e que eram almas de pessoas que viveram como nós. Ela benzia, era uma boa pessoa.

– Não era louca?

– Completamente lúcida e bondosa. Sinto saudades dela.

– Você deve estar querendo saber se eu vejo e falo com os espíritos, não é? – perguntou Paula.

"Será que ela vê espíritos?", pensou Valter. "Pobrezinha! É melhor escutá-la, somente assim poderei ajudá-la."

– Por favor, fale! Quem você vê?

– O Shelton – respondeu a garota. – O filho morto do senhor José Antônio. Ele está bem aqui! Na nossa frente.

– Como sabe que é ele? – indagou Valter, se assustando.

– Vi a fotografia dele na casa. Depois, ele afirmou que se chamava assim.

Valter olhou para onde ela apontou, não via nada, mas sentiu um frio na barriga e pensou:

"Será que é o meu amigo? Mas e se não for? É melhor ter cautela."

– O que ele quer, você sabe?

"Valter está acreditando em mim", pensou ela. "Que alívio! É melhor dizer tudo e acabar com isso."

– Ele quer lhe devolver algo – falou Paula, depressa.

– Devolver? Como? – perguntou o ex-policial, achando tudo muito confuso e estranho.

– E assim foi, ele me disse que pegou uma coisa sua e que por isso não tem sossego e quer devolver. Quer que lhe mostre onde está?

"Essa menina é completamente desequilibrada. Shelton nunca ficou com nada meu. Já que a escutei, é melhor acabar com isso."

– Quero – respondeu ele.

– Vamos logo, então. Está escondido ali, vamos rápido para ninguém nos ver.

"É melhor ficar atento", pensou Valter, "se desconfiava, agora tenho certeza, essa mocinha não é certa, deve ser doente. Não quero arrumar encrenca aqui. Se ela está dando desculpas para me agarrar, eu lhe dou um empurrão."

Paula, rápida, andou à frente, parou diante das pedras, viu Shelton agachado ao lado delas, ele estava triste, olhando-os.

"Estou fazendo o que você quer", pensou ela, olhando para ele, "portanto, não precisa ficar triste, com essa cara de piedade. Já sei, você gosta dele, não é? São amigos como eu sou de Cássia, da Fátima e Mariana. Mas logo terá sossego e me dará também!"

Shelton não respondeu. Valter ficou aguardando, e ela então percebeu que ficara parada e não mostrou o local.

– É aqui! Veja esta fenda, é só enfiar a mão, tirar um pouco de terra e achará.

– Encontraremos o quê? – perguntou ele.

– Ora, não sei! O assunto é de vocês dois!

"Meu Deus!", pensou Valter. "Brincávamos tanto aqui, Shelton e eu, essas pedras eram o nosso navio. Sinto falta de você, meu amigo!"

Resolveu fazer o que ela sugeria, embora se sentisse ridículo. Ajoelhou em uma pedra, procurando não sujar a roupa, e devagar foi retirando terra. Apalpou um plástico, estremeceu, e mais rápido cavou e retirou um pacote. Voltou-se para Paula que, quieta, olhava-o. Tremendo de emoção, abriu, e, admirado, viu seu antigo canivete, uma caderneta em que anotava nomes e endereços das meninas bonitas da escola e um aviãozinho de madeira. Lembranças vieram à mente:

"– Escondi! Admito! – exclamou Shelton, rindo. – Peguei-os, sim, e, se não achar, só entregarei a você quando estiver apaixonado."

As férias acabaram e ambos esqueceram o fato. Não ligava mais para o aviãozinho, ganhou outro canivete. Valter enxugou as lágrimas que corriam pelo rosto.

"Que coisa!", pensou a mocinha sensitiva. "Devem ter mesmo muito significado esses objetos para os dois. Agora vou voltar. Acabou!"

– *Não, por favor! Sou muito grato a você, mas, por Deus, dê o resto do recado* – pediu o moço desencarnando.

"Que recado?", perguntou ela em pensamento.

– *Não se lembra? Repita então o que digo. Por favor!* – rogou ele, com as mãos postas.

– Está bem, repito. Valter, o espírito, o Shelton, também mandou lhe dizer – ele falava e ela repetia: – Que não usou a negrinha, não... é negrete, bem, é algo parecido, que está limpo, não está sujo. Ai! Que complicação!

– Eu entendi – afirmou Valter. – Muito obrigado!

– Vou voltar, se procurarem por mim estarei encrencada.

– Obrigado mais uma vez. Você me ajudou muito! – exclamou o ex-policial, emocionado.

Paula correu de volta ao alojamento. Estava se sentindo aliviada. Valter sentou-se em uma das pedras, acariciou os objetos, recordou com detalhes aquelas férias.

"Minha tia-avó tinha razão, ela estava certa, os mortos do físico podem comunicar-se conosco. Entendi seu recado, Shelton, compreendi, lembro bem que, na época do colégio, chamávamos tóxicos de negrete. E você, meu amigo, conseguiu me falar o que quer: que eu investigue, porque não usava drogas. Vou descobrir o que há de errado nesse acidente. Juro que vou!"

Enxugou as lágrimas, colocou os objetos no bolso, voltou para o alojamento. As meninas foram jantar, ele lavou o rosto, guardou o canivete, a caderneta e o aviãozinho, com todo o cuidado, em sua mala, e foi para a mansão.

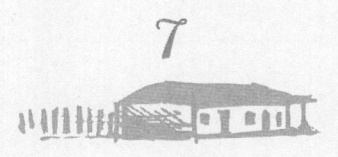

Outras conversas

PAULA NÃO VIA A HORA DE FICAR a sós com Cássia para contar a ela tudo o que aconteceu. O empregado da escola fora ao correio e trouxe muitas cartas, as garotas ficaram eufóricas. Receberam correspondências das colegas e familiares. Paula também recebeu, das amigas. Elas voltaram para o alojamento comentando as novidades.

– Fátima está namorando um primo! – comentou Cássia.

E todas queriam saber das colegas, de suas férias. Resolveram responder e entraram nos apartamentos. Valter quis conversar com seu anfitrião, mas o casal de noivos saiu e ele foi também para seu quarto, porque Tiago quis ir dormir. Depois de pensar muito, ele resolveu não falar a ninguém o que se passou, dos objetos achados. Paula poderia ficar em situação complicada se mais pessoas soubessem de seu dom. Mesmo ali na fazenda, surgiriam pessoas querendo saber de seus mortos ou espíritos queridos e iriam pedir a ela que fosse intermediária, e a mocinha ainda não sabia lidar com esse fenômeno. E não era fácil explicar o que se passou, o que acontecera aquela tarde no parquinho, nem ele entendera. No começo, achou que Paula estava perturbada, que mentia, inventava aquilo para impressioná-lo, chamar atenção, mas a garota não tinha como saber o que acontecera no passado, de fatos que somente ele e Shelton sabiam.

"Realmente, meu amigo me mandou recado", pensou, concluindo: "Vou planejar como irei investigar. Para começar, amanhã cedo vou procurar Leão, o traficante".

Depois de pensar muito, planejar o que ia fazer, leu um pouco, e, enquanto isso, no apartamento ao lado, Cássia e Paula ficaram sozinhas.

– Vou responder às cartas. Você também vai escrever? – perguntou Cássia.

– Minha amiga, preciso contar a você o que aconteceu à tarde, quando fui ao jardim.

Como Cássia deixou as cartas de lado e prestou atenção, Paula contou tudo, falando baixinho, começando pelo sonho.

– Nossa! Puxa! Que coisa! Estou espantada! Você se superou desta vez. Isso nunca tinha acontecido! Mas agora, amiga, com tudo resolvido, esqueça esse assunto. No livro não está escrito que desencarnados que vagam e, ao ter resolvido o que incomodava, têm sossego e dão sossego? Você fez o que ele queria, agora esqueça e vamos responder às cartas.

Paula animou-se, Cássia tinha razão. Assunto resolvido. Foram responder às cartas. Mas... Shelton não pensava assim. O assunto estava somente começando a ser resolvido, porém decidiu deixá-la em paz aquela noite, ela realmente o ajudara, então foi ao quarto do amigo.

Valter tentou se concentrar na leitura. Não conseguindo, parou de ler. Shelton esforçou-se muito para o amigo voltar a pensar no assunto.

"Será que alguém assassinou Shelton? Será possível? Por quê? Quem iria querer vê-lo morto? Ou quem lucraria com isso?"

"*É isso aí, amigo! Vamos, pensa!*", Shelton insistia.

"Engraçado", continuou Valter a pensar, "parece que querem que eu pense nesse assunto. Será que alguém matou Shelton e fez parecer um acidente? Mas por quê? Só se fosse lucrar com isso. Dinheiro? Herança? Será? Meu Deus! Se for isso, será que Tiago corre perigo? Será que querem eliminar os herdeiros? Claro que é isso, para receber mais. Mas quem? Os herdeiros do senhor José Antônio são os filhos. Com Shelton morto, são Tiago e a filha. Maísa mora longe, é muito rica e seu marido saiu recentemente em uma revista econômica, está em ascensão, não precisa de herança. Tiago, coitado, é um menino inocente que nem sabe direito o que é ser rico, ele adora o pai, amava o irmão. Magda não é, está separada, recebe boa pensão, é do seu interesse que Tiago receba a herança. Mas pode ser Magda, que, pensando no filho, matou Shelton. É uma possibilidade, mas não me agrada. Conheci muito bem Magda, ela gostava de Shelton e de Maísa. Depois, não é inteligente para planejar algo tão difícil assim. A noiva? Mas ela nem casou ainda. Shelton não gostava dela, achava-a interesseira. Eu também penso como ele, mas daí a ser assassina é complicado. Não sei se é inteligente, mas Nelisa, a irmã, é – e muito. Todos os assassinatos planejados têm causas e motivos. Para que e por quê? Quem lucraria? Vingança? Tenho de descobrir o motivo; encontrando, estarei perto do assassino. Se Shelton me mandou recado por aquela menina esquisita, ele poderá me dizer se foi assassinado e quem é o assassino. Fácil! Amanhã vou dar um jeitinho e conversar com a garota."

Decidido, foi dormir.

– *Mais um passo dado no caminho certo!* – exclamou Shelton, contente.

No outro dia, logo após o café da manhã, as meninas decidiram ir ao lago e, como Tiago ia, Valter resolveu ir também, para olhar o garoto. As meninas voltaram ao alojamento para se arrumarem. Valter conseguiu fazer um sinal a Paula para se afastar das garotas e conversar com ele. Cássia percebeu e falou:

— Paula, me ajude, acho que estraguei meu sapato. Vão indo, meninas, iremos em seguida.

Fingindo arrumar o sapato, Cássia segurou o braço da amiga. Ao ver as outras meninas se afastarem, Valter aproximou-se. Cássia afastou-se um pouquinho para deixar os dois sozinhos.

— Posso falar com você um instante? – pediu Valter.

— Pode, mas seja rápido. Minha amiga Cássia sabe de tudo, mas somente ela. Pode falar.

— Fiquei admirado com o que aconteceu ontem. Meu amigo Shelton quis me dar o recado e deu. É difícil explicar, mas acho que Shelton não faleceu acidentalmente. Será que você não poderia perguntar a ele se foi assassinado?

— Foi sim – respondeu Paula, tranquilamente. – Ele já me falou. Perturbou-me uma noite, Cássia viu, ou seja, eu contei a ela. Seu amigo afirmou que foi assassinado.

— É?! Ele disse quem o matou? – indagou Valter, com lágrimas nos olhos.

— Isso ele não disse nem eu perguntei.

— Será que não pode perguntar a ele?

— Não! – Paula respondeu depressa.

— Por favor, faça isso por mim. Eu a ajudei...

— Quando e como me ajudou? Não ajudou! Seu amigo me influenciou. Deu o recado e pronto. Não quero saber mais desse assunto. Não quero mesmo!

— Está bem – desculpou-se Valter –, foi você que nos ajudou. E muito! Você nem sabe o tanto. Somos gratos. Eu e com certeza o Shelton. Mas pense: se ele foi assassinado, existe um criminoso e ele está solto. Isso não é correto. Você acha isso certo? Shelton era um jovem bom, muito amigo, e acabaram com ele.

– Não acabaram com ele, tanto que o vi – afirmou a mocinha.

– Paula – interrompeu Cássia, aproximando-se dos dois –, acho que ele tem razão. Desculpe-me por me intrometer, mas acabei ouvindo, é melhor falarem mais baixo. Se o moço foi assassinado, existe um assassino solto. Você não pode mesmo perguntar ao desencarnado quem o matou?

– Acha que é simples assim? – perguntou Paula.

– Não sei, não sabemos, mas não custa tentar – opinou Cássia.

– Se você fizer isso para mim, fico lhe devendo um favor – falou Valter.

Cássia puxou Paula, afastaram-se um pouquinho, e ela cochichou ao seu ouvido:

– Ele é detetive e, segundo Tiago, é dos bons, descobre tudo o que quer. Por que não ajuda e cobra o favor?

– Como? – perguntou Paula, não entendendo.

– Pense! O que você mais quer? Não é saber o que aconteceu com seus pais? Quem é de fato seu tutor?

Paula balançou a cabeça afirmativamente, aproximaram-se de novo do moço e ela falou:

– Vou perguntar isso se eu vir o defunto, o seu amigo, depois lhe respondo, mas quero o favor prometido.

– Paula! Cássia! – gritou Fabiana

– Já vamos! – respondeu Paula e, virando para Valter, falou: – Vamos nos encontrar nas pedras do parquinho depois do jantar, e lá conversaremos.

O ex-policial concordou com a cabeça e as duas correram.

Organizaram-se e foram ao lago. O passeio foi muito agradável, voltaram para almoçar, e Valter saiu logo após. Foi à cidade procurar Leão, sabia onde ele morava. Conheceram, Shelton e ele, o Leão na escola. Era mais velho que eles, mais atrasado nos estudos. O jovem traficante era louro, tinha cabelo grande e armado, daí o apelido. Perguntou por ele a uns jovens na rua, e um deles lhe informou:

— Leão morreu! Mas por que procura por ele?

— Conheci-o na escola — respondeu Valter e mentiu: — éramos amigos. Sinto muito por ele ter morrido, faz ou fará falta.

— Sou primo dele — falou um jovem. — Estou no lugar de Leão. Veio aqui somente para vê-lo?

— De fato, não; queria um favor.

— Favores são cobrados, se pagar posso fazer.

— Pago! — afirmou Valter.

— Então, entre aqui — convidou o jovem.

Valter resolveu ser sincero e explicou:

— Chamo Valter, fui um policial, um investigador, mas não sou mais. Faço uma investigação própria e...

— Sei bem quem você é, fui informado logo que chegou ao bairro. Já ouvi falar de você. Tiãozinho foi preso e nos contou que você o defendeu, não deixou que o torturassem. Sabemos de tudo, que saiu da polícia e fez muito bem. Quer virar bandido?

— Não, não quero — respondeu Valter, depressa. — Vim aqui para rever Leão e para tentar saber se alguém da Fazenda Água Funda comprava ou compra drogas.

— A informação custa... — o jovem falou o preço.

Valter achou caro, mas concordou.

— Tenho aqui comigo somente esta quantia. Mas posso trazer mais.

O jovem traficante pegou o dinheiro e respondeu:

— Pelo que sei, ninguém de lá compra ou comprou drogas aqui no bairro. Posso me informar com os outros. Não somos só nós que vendemos. Se quiser algo mais concreto é...

— Muito caro! — Valter se espantou.

— É pegar ou largar!

— Pago! Vou ao banco e volto. Metade agora e a outra metade pago com a informação completa.

— Feito! Traga o dinheiro e volte na sexta-feira. Se alguém de lá andou comprando algo ilegal pela região, você saberá. Você é bem-vindo aqui, darei ordens para ninguém perturbá-lo. Embora você tenha sido um policial, é respeitado por aqui. E, se precisar de algo mais, paga e faremos.

Valter despediu-se e saiu. Estivera economizando para abrir seu escritório, privou-se de muitas coisas, principalmente do lazer, e era esse dinheiro que usaria para pagar o informante. Achou que valia a pena. Foi ao banco, retirou a quantia e levou ao jovem traficante.

Voltou para a fazenda, aguardou o jantar com ansiedade. Quando foi servido, jantou distraído. Depois, recusou o convite de Tiago para jogar, desculpou-se, dizendo estar cansado, e despediu-se. Rumou para o prédio onde estava hospedado, mas desviou-se e foi para o local do encontro.

As garotas foram para o alojamento e ficaram na varanda. Paula, dizendo estar com dor de cabeça, foi para o quarto. Cássia acompanhou-a.

— Direi às meninas que você tomou um comprimido e foi dormir — decidiu Cássia. — Saia pela janela e vá ao encontro dele. Não se esqueça de cobrar o favor. Exija que ele investigue para você.

— Queria tanto saber de meus pais, mas agora estou com receio... — sussurrou Paula.

– Receio? – perguntou a amiga. – Medo de quê? Quem vê e ouve espíritos não é para sentir medo de mais nada.

– Já imaginei tanto sobre como seria meu pai, minha mãe e, agora, me preocupo. Se eles não forem o que sonhei? O que imaginei?

– Ora – expressou Cássia –, você não é mais criança, quando pequenos queremos que nossos pais sejam heróis, os melhores do mundo. Depois entendemos que eles são pessoas como os outros, com defeitos e virtudes. Você ficará sabendo somente quem foram eles.

– Você, como sempre, tem razão. Já vou, tchau.

Cássia ajudou-a a pular a janela, e ela, andando devagar, com cuidado para não ser vista, foi para o local do encontro. Cássia voltou para a varanda, juntou-se às colegas.

– Como Paulinha está? – perguntou Luciana.

– Tomou um comprimido e foi dormir.

– É aquela esquisitice? – indagou Fabiana.

– Ela tem visto fantasmas? – quis saber Eleonora, preocupada.

– Não! – mentiu Cássia. – Não viu nem ouviu mais nada. Acho que foi o sol que lhe deu dor de cabeça, hoje ficamos muito no sol quando fomos ao lago. Ela já deve estar dormindo.

– Ainda bem! – exclamou Júlia. – Coitada dela, não é agradável ver ou ouvir os mortos. Vamos jogar!

Paula chegou ao parque e viu os dois moços, o encarnado e o desencarnado.

– Está aqui? – perguntou ela.

– Claro! – respondeu o ex-policial. – Marcamos um encontro, lembra?

– Não falei com você, mas com ele.

– Shelton? Ele está aqui? – quis Valter saber.

— Está — respondeu a garota sensitiva.

— *Por que me trata com indelicadeza?* — perguntou Shelton. — *Sou educado com você.*

— Você acha que é bom falar com mortos? E ainda quer que eu seja delicada? Sabe que me perturba?

— Eu? — indagou Valter, admirado.

— Não é com você que estou falando, mas já que ouviu, você também começa a me amolar. Mas vamos acabar logo com isso. Seu amigo morto está aqui. O que quer lhe perguntar?

— *Você não está lendo no livro que não é para me chamar de morto, mas sim de desencarnado?* — Shelton falou, em tom de queixa.

— O livro dá um nome para designar aqueles que mudaram de plano, do físico para o espiritual, mas não li nada ainda que não permita chamá-los de morto. Mas, já que me irritou, vou chamá-lo de mortinho.

Valter percebeu que a mocinha estava se irritando com Shelton e, conhecendo o amigo, sabia que a conversa certamente acabaria em discussão, por isso resolveu interferir.

— Vou contar a vocês dois o que fiz. Fui visitar um traficante que Shelton e eu conhecemos na escola.

— *Você foi ver o Leão?!* — perguntou o jovem desencarnado, preocupado. — *Fale a ele... por favor...*

— Se é por favor, falo — ela ia dizer "mortinho", mas resolveu não provocá-lo mais. — O cara aqui está perguntando se você foi ver o Leão ou Tigre, algo parecido.

— Fui, mas ele está morto, falecido ou sei lá... Bem, Leão morreu, mas o primo dele, que ficou em seu lugar, me afirmou que ninguém da fazenda comprou drogas por lá, vai verificar para mim em todos os pontos de tráfico da região.

— *Você não deveria ter ido!* — expressou Shelton, preocupado. — *Pagou por isso?* — perguntou, olhando para Paula.

– Por que ele não deveria pagar? Você é um intrometido – opinou a jovem médium.

– *Por favor, repita somente* – pediu Shelton, resolvendo ser mais educado com aquela garota que ele achava muito complicada e até perturbada.

– O que ele disse? – quis saber Valter.

– E assim foi... Ele acha que você não deveria ter ido e quer saber se pagou pela informação.

– Shelton, meu amigo, tenho de investigar se você não usou drogas e, se elas apareceram no seu corpo, tenho de saber de onde elas vieram.

– Que horror! – exclamou Paula.

Valter entendeu que não deveria ter dito aquilo, tentou acalmá-la.

– Paulinha, não fique nervosa ou horrorizada. Entende agora o que nos preocupa? Se meu amigo afirma que foi assassinado, é porque foi. Aconteceu algo que não entendemos, examinaram o corpo dele e foi encontrado tóxico, por isso estava correndo e não se deu conta de fazer a curva.

– *Foi isso mesmo, e tudo indica que quem me matou quer matar mais* – opinou o desencarnado.

Desta vez, ela repetiu direitinho.

– Diga-nos, Shelton, quem fez isso? – pediu Valter.

– *Não posso, é complicado, não adianta falar, não terão como provar, vão ter de investigar.*

Paula repetiu e completou:

– Ele disse vão, terão... nada disso... ele terá, o Valter fará, eu não, estou fora.

– *Que seja* – respondeu o desencarnado. – *Sou muito grato a você, embora necessite de educação.*

– Está me chamando de mal-educada? – perguntou Paula.

Valter novamente interferiu:

– Não, certamente que não. A educação que meu amigo se referiu é a de saber lidar com seu dom.

– Ah, bom! O mortinho afastou-se, não o vejo mais – informou a mocinha.

Shelton ficou ali sentando atrás deles, para ela não vê-lo.

– Você não tem medo dos mortos? – ele quis saber.

– Tenho, e muito, mas já tive mais – respondeu a garota. – Dona Neuza, uma amiga, funcionária da escola, me emprestou um livro muito bom, que está me fazendo entender esse fenômeno. Mas uma vez que vejo desencarnados, sentindo medo ou não, concluí que não adianta temê-los.

– Você estava quase discutindo com meu amigo – falou Valter.

– É que ele é atrevido. Não vejo por que não ser franca com Shelton ou com qualquer outra alma. Não é por estar desencarnado que tenho de concordar com tudo.

Ele refletiu por instantes e concordou:

– Você deve estar certa. Acho que a morte não nos muda, principalmente de imediato. O que você acha do que Shelton falou, que não nos pode dizer o nome da assassina?

– Da assassina? – perguntou Paula, espantada. – Você desconfia de alguém? De uma mulher?

– Não, infelizmente não tenho ninguém em mente – mentiu. Disse por dizer. Mas, senhorita, temos um trato. O que quer que eu investigue para você?

– Parece que é bom em sua profissão. De fato, quero uma investigação. Mas, antes, me responda uma coisa: você pagou caro aos traficantes? Você é rico?

– Não sou rico, estava economizando para abrir um escritório de investigação, usei parte desse dinheiro.

– O quê?! Você gastou aquele dinheiro? – Shelton não conseguiu continuar somente escutando e aproximou-se de Paula.

– Que susto! Ninguém lhe deu educação? Não se deve intrometer nas conversas alheias.

– O quê? Shelton voltou? – perguntou Valter.

– Voltou? Acho que ele ficou aqui. O cara está indignado por você ter gastado o dinheiro que economizou.

– Não tive outro jeito – explicou o jovem encarnado. – Com eles, é na base da troca. Acho certo.

– Espero que papai possa recompensá-lo depois – Paula repetiu o que Shelton falou.

Como os dois ficaram quietos, ela falou:

– Agora, vamos ao nosso assunto. E assim foi, estou na escola desde pequena. Lembro de pouca coisa de antes de ir para lá. Parece que ficava muito sozinha, acho que em um sobrado de onde espiava a rua pela janela. Depois fui para o internato e não saí mais de lá. Quando quis saber o que me aconteceu e por que era órfã, a diretora, uma outra, antes de dona Nelisa, não me respondeu, ela não se importou em saber. Anualmente, no começo do ano letivo, meu tutor faz o pagamento e manda algum dinheiro a mais para minhas despesas pessoais.

Valter, aproveitando que a garota fez uma pausa, perguntou rápido:

– Shelton ainda está aqui?

– Sim, logo ali. – apontou ela para o lado direito – Está quieto, cabisbaixo, não está interessado.

– Estou sim – respondeu Shelton. – Desculpe-me, mas achei que você fosse uma garotinha rica e mimada, aquele colégio é caro. Estou interessado na sua história.

Paula, vendo Valter olhar com carinho para o local indicado, falou:

— Shelton disse que está interessado e desculpou-se. É melhor eu contar tudo logo, tenho de voltar para o quarto. A antiga diretora aposentou-se e veio dona Nelisa, esse anjo de pessoa, para seu lugar.

— Você e suas amigas gostam dela? — interrompeu Valter, querendo saber.

— Muito. Gostamos dela porque, em poucos dias, resolveu ou tentou solucionar os problemas de todas nós. É uma mulher incrível! Nos atende com hora marcada. E, ao me escutar, escreveu ao meu tutor exigindo que prestasse conta de onde vem o dinheiro com que paga a escola, se eu tenho herança, e que apresentasse todos os meus documentos e de meus pais. Ameaçou-o: se ele não vier, será intimado a depor. Ele respondeu dando desculpas para não vir, mas prometeu que no começo do ano letivo irá à escola para nos informar. Acho que não irá. Já acabei o curso, continuo interna porque somente poderei sair ao completar dezoito anos.

— E para onde irá? — perguntou o moço encarnado.

— Atormentava-me com esse problema, mas dona Nelisa, essa mulher maravilhosa, resolveu-o: irá me arrumar um emprego e onde morar. Não é incrível?

— É – concordou Valter. – Você quer que eu ache esse tutor para saber o que ele esconde de você?

— Onde encontrar, eu sei. Tenho o endereço dele, sei de cor, escrevi a ele muitas vezes, perguntando sobre meus pais, ele respondeu somente que sou órfã e que não tenho parente. Nem sei como eles morreram. Vejo tantos mortos e não os vejo – lamentou a mocinha.

— Se você tem o endereço, é fácil, fale para mim.

Paula o fez.

– Mas é aqui perto. Menos de duas horas de carro e estaremos lá.

– Estaremos?! – perguntou Paula.

– Por que não? Vamos lá. Se ele não quiser falar por bem, pressiono-o, e ele dirá tudo o que sabe.

– Mas como poderei ir?

– Vamos de carro – respondeu Valter. – Volte ao alojamento, entre no quarto, avise sua amiga, pegue um agasalho, vá para o jardim perto do estacionamento. Não vendo ninguém, entre no meu carro que estarei esperando-a. Vamos lá, eu resolvo para você esse assunto!

Paula nem pensou, aceitou, com muita vontade de saber dos pais, ficou eufórica. Olhou para Shelton, que lhe sorriu.

– Você vai? – perguntou a garota.

– Claro que vou! – exclamou o ex-policial. – Por que pergunta isso? Ah, é com Shelton que está falando?

– *Não vou* – respondeu Shelton. – *Tenho receio de sair daqui.*

– Ele não vai – informou ela. – Vou rápido e logo me encontrarei com você.

Paula correu, perto do alojamento, olhou para todos os lados. Não vendo ninguém, pulou a janela, escutou as colegas jogando. Tinha de avisar Cássia, não queria chamá-la; se as outras achassem que ela não estava bem, iriam avisar a diretora, e aí não poderia sair. Arrumou a cama, colocando travesseiros como se estivesse deitada, e colocou um recado no espelho do banheiro. Escreveu:

"Cássia, fui com Valter ver meu tutor. Volto logo. Não tranque a janela. Paula."

Pegou um casaco, pulou a janela novamente, afastou-se depois de olhar bem para todos os lados. Certificando-se de que não seria vista, entrou no carro de Valter.

– Agache – aconselhou ele. – Até eu pedir, fique escondida.

Paula ficou agachada até Valter falar que podia sentar no banco. Ficaram em silêncio, até que o moço pediu:

– Por favor, conte-me tudo, dessa vez devagar. Quanto mais eu souber, mais fácil ficará para investigar.

Contou tudo novamente e concluiu:

– Tomara que tenhamos a sorte de encontrar meu tutor no apartamento!

– Conheço a cidade a toda – comentou Valter –, como toda a região.

– Há diversas cidades na região, não é?

– Existem sim. Aquela em que estamos indo é uma das maiores. Esse senhor que iremos visitar mora em um bairro pobre. Acho que até conheço o prédio, que é de pequenos apartamentos.

– Bairro pobre, apartamento pequeno – comentou a mocinha. – Não é estranho?

– Paula – avisou Valter –, não se espante se escutar de mim, na conversa que teremos com esse senhor, algo inexato. Não sei ainda o que irei dizer a ele, talvez que sou um advogado, ou agente do juizado, seu marido, seja o que for, não se espante e tente ser natural.

– Você vai mentir? – indagou Paula.

– Não posso chegar lá e dizer: sou um ex-policial, estou aqui porque essa garota vê almas de mortos me fez um favor e estou tentando retribuir.

Riram.

– Você tem razão – concordou ela –, se fizer isso, vamos com certeza ser presos. Está bem, vou falar o mínimo possível e concordar com tudo. Valter, seu amigo Shelton achou ruim você ter gastado suas economias. Você não teve medo dos bandidos?

– Sei o tanto que os fora da lei podem ser perigosos, por isso sou cauteloso ao lidar com eles. Medo? Todos nós infelizmente sentimos receio de outros seres humanos. Shelton deve ter achado ruim eu ter gastado aquele dinheiro, porque fui economizando com sacrifício. Já fui rico, ou meu avô era. Quando criança, morei com meus avós, eles tinham muitos bens materiais e me deram tudo o que eu queria. Meus avós eram excelentes pessoas, ao contrário de meus pais. Mamãe nunca teve juízo, foi uma filha problemática. Foi mãe solteira, vi-a poucas vezes quando criança, porque meu pai morreu quando eu estava com três anos.

Valter fez uma pequena pausa. Percebendo-a atenta, continuou:

– Faz cinco anos que minha avó morreu de repente, e meu avô ficou inconsolável. Ele ficou doente e os bens dele passaram a ser administrados pelos meus dois tios que, depois entendi, não gostavam tanto de mim quanto eu pensava. Quando meu avô faleceu, o que era dele já estava no nome dos meus tios. Um deles me explicou que minha mãe tinha gastado muito, mais que receberia de herança. Mamãe veio para o enterro, discutiu com os irmãos, mas não adiantou, ela sabia que era verdade, meu avô gastou muito com ela, então resolveu ir embora e dessa vez afirmou que não voltaria mais, de vez em quando me escreve.

Paula pensou que Valter tinha uma história triste também.

– E o dinheiro? – perguntou ela, com meiguice.

Valter percebeu que ela mudara a forma de tratá-lo e pensou:

"A garota entendeu que não é somente ela que tem problemas."

– Sempre quis ser investigador – respondeu. – Meu avô estava doente quando prestei concurso na polícia, esperava o resultado quando ele morreu. Fiquei somente com algum dinheiro que vovô me dera, mas, para mamãe ir embora, dei-o para ela. Tive de sair da casa em que morava porque meus tios a venderam. Fui chamado para trabalhar e, nesse período, Shelton foi fazer estágio no exterior, ao voltar continuamos amigos, mas já não nos encontrávamos como antes, eu era empregado, e ele passou a trabalhar com o pai.

Ambos ficaram quietos por instantes, e ela concluiu: "Ele é boa pessoa!".

"Acho que devo contar tudo a ela", pensou Valter.

– Trabalhei muito – continuou ele a falar –, fiz muitas horas extras. Embora não ganhasse muito, consegui juntar um pouco de dinheiro, queria abrir um escritório de investigação. E gastei parte dessas economias para obter informações. Quando eles as completarem, irá o resto, todo ele.

– E o seu sonho? – indagou Paula.

– Será adiado. Tinha de fazer isso. Às vezes temos de escolher o que é mais importante para nós, e ajudar um amigo, com certeza, é mais importante.

– Você acha certo Shelton não ter podido ou conseguido contar quem o matou? Se dissesse, tudo ficaria mais fácil.

– Ele deve ter razão. Para prender alguém, necessita-se ter como provar sua culpa. Os policiais às vezes têm certeza que uma pessoa é culpada, mas se não existem provas, nada pode ser feito. Vou ter de encontrar provas e Shelton certamente me ajudará.

– É ruim saber que uma pessoa é culpada e não ter como provar? – quis a mocinha saber.

– É sim. Se o bandido é importante e tem dinheiro para um bom advogado, ele dificilmente fica preso, isso frustra muito. Mas se o sujeito é pobre, quase sempre vai para a prisão, injustiça que dói e confunde. Uma vez..., desculpe-me, com certeza esse assunto não lhe interessa.

– Claro que sim – respondeu Paula. – Por favor, gostaria de escutá-lo. O que está me dizendo é novidade para mim, e estou aprendendo muito.

– Vou lhe contar esse fato porque explica o porquê de os traficantes concordarem em me informar. Embora afirmem que não existem torturas nas prisões, nas delegacias, na realidade, ainda em nossos dias, ela acontece. Para mim, isso é, era um horror. Nunca participei e até interferia. Assassino ou não, esse tratamento é abominável. Os presos se comunicam e eles sabiam que eu era incapaz de bater em alguém. Uma vez estavam torturando um traficante. Não me contive, interferi, fiz meus colegas pararem. Achei que de fato ele não sabia o que os policiais queriam saber. Pararam de bater nele, eu o desamarrei, dei-lhe água, remédios, saí da cela. Ao chegar no carro, vi que esquecera as chaves; lembrei que as deixara na cela. Voltei e, ao escutar conversas, parei instintivamente. O moço que fora torturado conversava com outro preso e, pelo que entendi, ele era culpado. Fiquei desiludido, fiz barulho, pedi que me desse a chave, nem abri a cela. Não falei nada do que escutei, culpado ou não, achei que ele não merecia ser maltratado. Foi a gota d'água. Ali não era o meu lugar. Deve-se ter ou não pena de bandidos? E os honestos que são vítimas deles, como ficam? Que mundo confuso!

– Você chegou a alguma conclusão?

– Cheguei – respondeu Valter –, se todos os humanos tivessem piedade, se a crueldade não existisse e se nos amássemos, não existiriam mais os errados. Fui ser policial iludido comigo mesmo. Achei que poderia recuperar bandidos e torná-los honestos. Vi, em um mesmo dia, duas mães chorando, uma com o filho morto no velório, assassinado durante uma briga sem importância, a outra na delegacia onde o filho assassino estava preso. Preferi, ao ver tudo isso, sair da polícia, e o fiz sem remorso. Não aguentei a pressão. Tive pena dos dois jovens, do que foi morto e do outro, que matou, e das duas mães.

— Nunca pensei que um policial passasse por tudo isso! — exclamou ela.

— Quero esquecer esse período. Mas, como falei a você, quando fui procurar o Leão, que é um traficante, soube que morrera, mas eles, do bando, sabiam bem quem eu era, um policial humano, acho que até julgam-me fraco. Esse bandido que impedi que fosse torturado, e que escutei dizer que era culpado, mora ali, era ou é do grupo; por ele e por eu ter pago, eles me darão a informação.

— Então, mesmo culpado, ele não ficou preso?

— Ficou somente meses — esclareceu o moço —, pois sem provas, saiu. Você entende, Paula, o que Shelton está fazendo? Que não adianta ele nos dizer quem é o criminoso, se não provar, talvez piore a situação. Mas eu vou descobrir! Estamos chegando à cidade, logo localizaremos o prédio onde seu tutor mora.

Paula sentiu o seu coração disparar.

8

O mistério dos pais de Paula

VALTER ESTACIONOU O CARRO PRÓ-
ximo da calçada e pediu para um jovem que estava sentado
perto:

— Moço, olha meu carro. Sou policial. Volto logo.

Ele pegou no braço de Paula e entraram no prédio.

— Você não disse que saiu da polícia? — perguntou a jovem.

Ele a olhou e ela entendeu que era para não se surpreender,
mas explicou:

— Ainda tenho um distintivo, se não faço isso, pode ser que,
ao sairmos, não tenha mais o carro ou o tenha depenado.

— Esse prédio não tem porteiro — observou Paula.

— Não tem nem elevador, vamos subir as escadas.

O tutor morava no terceiro andar. Valter conferiu o número,
tinha quatro apartamentos por andar. Ele bateu na porta. Ninguém atendeu. Viu pela sombra, debaixo da porta, que alguém
observava pelo olho mágico. Sorriu tranquilo, bateu novamente,
e falou calmamente:

— Senhor, sou policial, veja meu distintivo — Valter colou-o
na frente do olho mágico e continuou a falar: — Vou somente
perguntar algo sobre vizinhos, brigas. Por favor, abra a porta.

Ouviram a porta ser destrancada e, ao abri-la, Valter empurrou Paula para dentro, entrou em seguida e fechou a porta. Disse baixo e tranquilamente:

– Boa noite, senhor... (falou o nome dele todo). – Chamo-me Luís de... (inventou um nome). Esta é a senhorita Paula... Conhece-a? Pelo menos sabe de quem se trata, não é?

O homem vestia um roupão, por baixo certamente trajava um pijama, as roupas estavam sujas como toda a sala. Tanto o homem observou-a, como ela, curiosa, olhou o apartamento e seu tutor. Valter os olhou e concluiu que nenhum dos dois aprovou o que vira. Aguardou por um momento o impacto do encontro e depois manifestou:

– Trabalho com o juizado de menores. O juiz me encarregou de trazer sua pupila aqui. Ela quer lhe fazer algumas perguntas e exijo que responda. Se o fizer, tudo fica mais fácil, não precisará ser preso para responder na delegacia. Tudo bem?

Valter, por momentos, achou que aquele senhor não iria acreditar, porque era um absurdo o que falara. Nenhum juiz ia permitir algo parecido, mas o homem apavorou-se.

– Não pensei que ia me complicar, ela nunca me falou sobre isso.

– Vou perguntar e responda com a verdade – ameaçou Valter. – Paula tem dinheiro? O senhor é que administra? Como paga a escola?

– Eu quero saber também quem foram meus pais! Responda já! – intrometeu-se a garota.

– Sou seu tutor e...

– Não interessa! – exclamou Paula, exaltada. – Responda! Quer ser preso?

Valter olhou para ela, que entendeu que deveria ficar quieta. O moço tentou uma reconciliação:

– Senhor, por favor, estou trabalhando, facilite o meu trabalho. O que esconde? É melhor nos contar tudo.

– Está bem.

O tutor sentou-se e convidou-os com um gesto a se sentarem. Os dois preferiram ficar de pé, na frente dele, olhando-o.

– Por favor, senhor, fale – pediu Valter.

– Sou amigo, conhecido da mãe dela. É ela quem paga a escola e me dá dinheiro para que finja ser o tutor. Estava dando certo até que a nova diretora questionou, fiquei com medo e comuniquei a Lalá. Não quero ser preso, faço somente um trabalho.

– O senhor disse minha mãe? Ouvi direito? – perguntou Paula, admirada.

– Pelo menos é o que Lalá diz ser – respondeu o homem, nervoso.

– Lalá? Quem é essa Lalá? Minha mãe não se chamava assim.

– Paula – interferiu seu acompanhante –, por favor. Continue senhor, nos conte o que sabe.

Paula achou que era melhor se conter e ficou calada.

– Vou falar o que sei e depois saiam daqui – manifestou o senhor. – Conheci Lalá em, bem, não interessa onde a conheci. Ela paga pelo meu trabalho, é somente isso. Não fiz nada de errado e não vou dizer mais nada.

– Tudo bem, acho mesmo que o senhor não fez nada de errado – concordou o ex-policial. – Vou interferir a seu favor diante do juiz. Só que o meritíssimo vai querer saber onde mora a senhora Lalá. Se ela é a mãe e sustenta a filha, também não fez nada errado, constará somente que Paula, ao completar dezoito anos será adulta e independente. O senhor não nos dá o endereço da senhora Lalá?

– Se não der, vão descobrir do mesmo jeito, não é? – perguntou o senhor.

– Claro! – respondeu o moço.

– Lalá vive na cidade, não sei onde mora, mas podem encontrá-la na *Maison Red*. Boa noite!

O senhor levantou-se e abriu a porta. Paula queria ficar e obrigar aquele homem a falar mais, estava indignada, havia algo errado naquela história. Claro que havia! Seus pais estavam mortos. Mas seu acompanhante parecia satisfeito com as informações, pegou no braço dela e saíram sem se despedir. Desceram as escadas, rápido, ele fez sinal para que ela permanecesse calada. Deu dinheiro para o jovem que ficara ao lado do veículo, entraram no carro e partiram.

– Paula, eu sei que está chocada, mas aquele homem não sabia de mais nada ou não ia falar. Foi melhor evitar escândalo. Se a polícia fosse chamada, me complicaria. É melhor voltarmos. Vou investigar o endereço e saber a verdade para você.

– Ela trabalha em um local de nome estranho. Casa vermelha?

O moço não respondeu, *Maison Red* era uma famosa casa de prostituição. Paula, indignada, falou por minutos sem parar.

– Será que não sou órfã? Quem é essa Lalá que paga a escola para mim esses anos todos? Será que ela é minha mãe? Uma tia? Se ela é minha genitora, como nunca foi me ver? Não me ama? O ...

– Pare, Paula, por favor, saber de seus pais deveria lhe dar tranquilidade. Escutamos muito pouco sobre o caso. Seu tutor parece que falou a verdade ou parte dela. Prometi e vou cumprir, descobrirei tudo. Esse senhor faz somente um trabalho que deve ser pouco remunerado, você viu onde ele mora e como vive, não tem dinheiro. Alguém pagou e paga a escola para você. E se quem paga é essa Lalá, saberemos quem ela é. Vamos voltar à fazenda e lá, por favor, seja discreta, se alguém descobre o que eu fiz, você volta para a escola e o senhor José Antônio me expulsa de sua casa. Contenha-se e aguarde. Quem já esperou para saber por anos, pode bem aguardar mais alguns dias.

– Desculpe-me – pediu a jovem. – São tantas novidades!

– Sei como se sente.

Paula compreendeu que Valter deveria saber mesmo. Fora também abandonado pela mãe, mas os avós o criaram, enquanto ela ficou no internato. Mas ele tinha razão, deveria confiar nele e aguardar. Não queria complicar a vida do rapaz nem que Nelisa se aborrecesse com ela.

– Vou me comportar, confio em você, quando souber de algo mais, me avise. Obrigada.

– Trocamos favor, lembra-se?

A garota balançou a cabeça, lembrava sim, ainda tinha o problema com o desencarnado, do assassinato dele. Sentiu-se aliviada quando chegaram, abaixou-se ao entrar na fazenda e, depois que Valter verificou que não havia ninguém, ela saiu e rápido foi para o alojamento.

Mas havia alguém na varanda. Benício estava escondido. Elisângela tinha ido à cidade, dissera que ia visitar uma tia, e ele a aguardava, queria certificar-se se a amada voltaria sozinha. Tinha muito ciúmes dela. Viu o carro de Valter chegando e ficou escondido, observando. Quando viu uma mulher sair, estremeceu, embora não conseguisse ver quem era, percebeu, aliviado, que não era Elizângela.

"Está indo para o alojamento. Acho que é a diretora. Engraçado! Valter, o galãzinho do subúrbio, namorando alguém muito mais velha que ele. Bem feito! Tomara que fique apaixonado por aquela senhora!"

Viu Valter sair de novo, e, logo depois, Elizângela chegou. Ele ficou de longe, observando-a. A moça foi direto para sua casa. Ele, então, foi dormir, sem dar importância ao fato de ter visto Valter com uma mulher.

Paula chegou a correr pelo jardim. Com muito cuidado para não fazer barulho, pulou a janela. O abajur estava aceso e ela viu Cássia sentada na cadeira. A amiga com certeza queria esperá-la acordada, mas dormiu.

– Cássia! Cássia! – chamou Paula, sacudindo a amiga.

– Ai! O quê? Paula! Que alívio!

– Fale baixo! – recomendou Paula. – Não devemos acordar ninguém. Venha dormir em sua cama.

– Não antes de me contar o que aconteceu.

Paula contou rápido e baixinho.

– Será que sua mãe está viva? – perguntou Cássia, indignada.

– Não sei, acho que não. O que seria pior: ter a mãe morta ou viva que não lhe quer?

– Talvez esteja viva mesmo! Você nunca viu a alma dela. Quando a chamou, invocou-a, nada aconteceu.

– Estou cansada, vamos dormir – determinou Paula.

Mesmo com tantas novidades, Paula deitou, orou e logo dormiu. Mas teve um sono agitado, sonhou com os acontecimentos da noite. Shelton ficou curioso, queria saber o que o amigo e a moça médium fizeram, ficou discretamente no quarto, para que Paula não o visse, escutou-a contar tudo a amiga.

"Pobre garota! Será que não é órfã? Que mistério!"

Valter, no carro, ficou olhando Paula correr pelo jardim, até que desapareceu atrás das árvores.

"O fator surpresa", pensou, "em uma investigação é primordial. Aquele senhor, o tutor, com certeza amanhã irá informar Lalá da visita. Vou agora para a casa noturna, viajarei de novo, o cabaré fica aberto até de madrugada".

E saiu decidido a obter mais informações. Abasteceu o carro na cidade próxima e pensou:

"Estou gastando muito dinheiro, lá se vão todas as minhas economias! Mas se resolver esses dois problemas terá valido a pena. O da garota parece mais fácil. Shelton, meu amigo! Que maldades fizeram com você! Quem o matou? Por quê? Será que as minhas investigações surpreenderão?"

Passava da meia-noite quando ele chegou à casa noturna *Maison Red*.

"O nome é uma mistura de francês com inglês, a casa é famosa por toda a região."

Estacionou o carro, entrou no estabelecimento, que estava lotado, como sempre. Viu duas moças sozinhas e aproximou-se da que aparentava ser mais velha. Ofereceu bebida e ficou conversando.

— Faz tempo que não vejo a Lalá, como está ela?

— Está bem, andando por aí, ela fiscaliza tudo.

— Gosta dela? É boa patroa?

— Não tenho queixa, acho que nenhuma das meninas o tem. Gosto daqui, se é isso que quer saber — respondeu a moça.

— Faz tempo que Lalá tem essa casa, não é? Lembro desde garoto da Maison Red.

— A casa era pequena quando Lalá a comprou, ela tem tino para negócios, aumentou, incrementou, e hoje é esta beleza!

— Lalá trabalhava aqui antes de comprá-la?

— Qual é a sua, cara? Está interessado em Lalá? Aviso que aquela lá não se envolve com ninguém. Se quiser ser sustentado, pode procurar outra.

Valter não respondeu e resolveu ir embora antes que a moça ficasse mais desconfiada. Rumou para a delegacia, teve sorte, de plantão estava um amigo seu.

– Vim à cidade e resolvi passar por aqui. Acho que por hábito, sinto falta... – explicou Valter.

– Que bom revê-lo! – exclamou o amigo. – Tome um café. Somos assim mesmo, reclamamos de ser policiais, mas sentimos falta do agito da delegacia. Veio a trabalho?

– Fui à *Maison Red*. Será, amigo, que você não pode ver algo para mim?

– O que é esse algo? Olha lá o que me pede – respondeu o amigo.

– Nada de mais – respondeu Valter sorrindo. – Queria saber se a dona do *Maison Red* é mesmo Lalá. Veja para mim se ela se chama Abadia... É fichada? Claro que deve ser, afinal há muitas ocorrências por lá.

– Nem vou perguntar por que você quer saber. Posso lhe fazer isso. Essa Lalá não tem como esconder fatos de sua vida, é muito conhecida.

– Enquanto falava, o amigo policial achou a ficha dela no arquivo e informou:

– Aqui está, Lalá se chama Abadia, mesmo.

– Posso ler a ficha? – perguntou Valter.

Com permissão, ele pegou a ficha e leu enquanto tomava o café oferecido pelo amigo. E foi uma surpresa! Lalá ficou presa por dois anos e dois meses por ter assassinado seu marido. Ali estava escrito que foi em legítima defesa. E o nome do marido era o que Paula disse ser o nome do pai dela. A ficha era extensa. Lalá saiu da cadeia, possuía alguns bens que herdara de seu pai e o que o marido deixou e comprou a *Maison Red*. O resto da ficha não lhe interessou, eram ocorrências por brigas, envolvimentos com criminosos etc.

– Obrigado! – Valter agradeceu o amigo.

– Achou o que queria? – quis o amigo saber.

– Mais ou menos, aí não fala se Lalá teve filhos.

– Que eu saiba, Lalá não os tem. Isso lhe é importante?

– Não sei ainda – respondeu ele. – Vê se você tem ainda a ficha do marido, faz quase dez anos que ele faleceu.

– Deve estar nesse outro arquivo morto, ou dos mortos – riu o amigo policial. – Vou ver se acho para você.

Minutos depois, ele deu a ficha para Valter. Ela não era extensa, leu-a em segundos. Nela, havia duas denúncias da esposa, a que agora era Lalá, sobre maus tratos. E a surpresa maior, na ficha dele constava o fato de ter tido uma filha que se chamava Paula.

– Aqui está! O casal teve uma filha. Mas onde estará a menina? – perguntou Valter.

– Menina na época, moça agora – respondeu o amigo. – Será que não está com ela na *Maison*? Ou será que Lalá afastou-a e escondeu a garota em algum lugar longe de suas atividades?

– Que situação complicada para a garota! – exclamou Valter. – A mãe mata o pai, fica presa por pouco tempo e, quando sai da prisão, compra um bordel.

– Você procura a menina ou os pais dela? – quis o amigo saber.

– Procuro os pais da menina – respondeu Valter.

– Pois os achou. Quer um conselho? Se a moça é honesta, peça para ficar longe da mãe. Lalá é uma delinquente!

Valter agradeceu ao amigo e voltou para a fazenda. Dormiu pouco, pois havia combinado de tomar o desjejum com o senhor José Antônio.

"Vou contar tudo o que descobri para Paula, assim que conseguir ficar às sós com ela", pensou, determinado.

9

A viagem

NO CAFÉ DA MANHÃ, EMBORA VALTER estivesse com sono, não demonstrou, e o senhor José Antônio lhe pediu:

— Você não me faria um favor?

— Claro que sim — respondeu o moço.

— Ivany e Nelisa querem ir a Campo Alto, minha noiva tem uma consulta, e as duas querem fazer compras, depois. Não posso acompanhá-las e temo por elas na estrada, no morro há muitas curvas. Elas irão após o café e voltarão à noite. Poderia levá-las?

— Será um prazer — afirmou Valter. — Teria de ir mesmo a Campo Alto e, enquanto estiverem no consultório, irei rápido resolver o meu problema. Depois ficarei à disposição delas e as levarei aonde quiserem ir. Vou ao alojamento me trocar e já volto.

Valter teve a impressão de que Benício sorrira, irônico. Sorriso que Shelton e ele detestavam, pois sempre que ele sorria assim era porque sabia de algo que tentava esconder ou achava que não ia dar certo o que iriam fazer. Evitou olhá-lo.

— Valter, você irá com o meu carro, está abastecido, e Ivany pagará todas as despesas — determinou o senhor José Antônio.

As duas se levantaram, Ivany despediu-se do noivo, iria acabar de se arrumar.

– Vou rapidinho com Ivany ao quarto dela para opinar que roupa vestirá – informou Nelisa. – Depois irei até o alojamento com você, Valter, para pegar minha bolsa.

As mulheres saíram e Benício também. O senhor José Antônio sorriu:

– Como as mulheres gostam de se enfeitar! Maísa, minha filha, sempre demorou muito para se vestir.

– O senhor sente muita falta dela? – quis saber Valter.

– Sinto, nos vemos duas vezes por ano. Nessas férias, ela não virá. O marido está com alguns problemas.

– O senhor gosta dele, de seu genro?

– Gostaria – respondeu o anfitrião – que Maísa tivesse escolhido para se casar uma pessoa conhecida, que eu soubesse quem eram os pais, e não com um estrangeiro aventureiro. Mas não se manda em filhos. Embora estejam passando por dificuldades, minha filha não se queixa.

– Valter! – gritou Nelisa, interrompendo-os. – Vamos?

Os dois foram para o alojamento.

"O senhor José Antônio", pensou Valter, "não gosta do genro. Não falou abertamente, mas nem foi preciso, quando ele se expressa e franze a testa é porque está descontente."

Ele tentou ver as meninas, mas elas estavam tomando café. Nelisa ia deixar um recado para elas, avisando que passaria o dia fora porque ia acompanhar a irmã ao médico, e Valter pediu:

– Coloque aí que irei acompanhá-las. – Ao ver que Nelisa estranhou, completou: – Se elas precisarem de algo, que peçam ao Tiago, elas poderão estranhar eu não estar aqui.

Nelisa colocou o sugerido no bilhete, na lousa que ficava na varanda. Valter quis, com isso, avisar Paula que se ausentaria. Acompanhá-las era tudo o que queria, pois as investigaria de perto, poderia escutar as duas conversando. Resolveu ficar atento.

Gentil e educado, ajudou-as a se acomodar no carro do senhor José Antônio, um modelo caro e lindo. As duas conversaram sobre moda, cabelos etc. De repente, Ivany perguntou à irmã:

– Vai ao sanatório?

– Sabe que tenho de ir – respondeu Nelisa, abaixando o tom de voz.

– A que horas irá?

– Somente depois das quinze horas é que ele está lá. Será rápido – informou Nelisa.

– Dará dinheiro? – quis saber.

– Sabe que tenho de dar.

– Não teme ser chantageada?

– Ele não se atreverá, mas se o fizer... Pensarei depois o que fazer. – Nelisa, falando mais alto, perguntou: – Valter, você conhece bem a cidade?

O jovem se esforçava para escutá-las, ouviu o diálogo, mas demonstrou estar distraído, não respondeu. Nelisa, sorrindo, chamou-o e repetiu a pergunta.

– Sim, conheço-a bem. Poderei levá-las a qualquer parte da cidade – respondeu.

– Sabe onde fica o sanatório? – Nelisa voltou a indagar.

– Sei sim, o hospital é conhecido – respondeu o moço.

– Devo ir lá à tarde, quero saber notícias de uma amiga – explicou Nelisa.

O rapaz não escutou mais nada que pudesse interessá-lo. Deixou-as no consultório, ele não tinha nada para fazer naquela cidade. Resolveu ir ao hospital citado. Se Nelisa iria lá, deveria ter uma causa.

"Será que ela vai buscar algum remédio? Quem estará lá somente depois das quinze horas? Alguém que trabalha lá, com certeza."

Valter chegou à portaria do hospital e novamente usou o seu antigo distintivo da polícia.

— Senhora, por favor, estou somente procurando uma pessoa, uma mulher, gostaria de conferir, olhar as fichas dos internos.

A recepcionista pediu para que esperasse. Valter sorriu, mas ficou apreensivo. Certamente, ela pediria autorização para algum diretor e, se fosse verificado que ele não era mais policial, estaria encrencado. Aguardou, tentando aparentar estar calmo. A senhora voltou sorrindo e lhe deu as fichas.

— O diretor não está no momento, mas o encarregado permitiu, o senhor pode verificar. Procura alguém desaparecido?

— Sim, uma senhora, uma mulher doente que sumiu de sua casa, a família está aflita — respondeu ele.

— No momento, todos os internos têm familiares que os visitam. Não há nenhum que não sabemos quem seja. Aqui está, pode olhar.

Valter o fez. Não sabia nem o que estava procurando. Tinha de ser rápido, ainda bem que no momento estavam somente oitenta e quatro pessoas internadas. Pegava as fichas, lia os nomes, profissão, idade, prestando mais atenção nas mulheres.

"Acho que não é ninguém interno que Nelisa vem visitar. Ela talvez compre algo de alguém daqui", pensou ele.

Já estava quase desistindo, quando, em uma ficha, algo lhe chamou atenção: a profissão de uma mulher chamada Ângela, professora, trabalhava em uma das escolas da rede que pertencia ao internato, perto da Água Funda.

"Essa Ângela trabalhava na escola da cidade de onde Nelisa veio. Aqui está escrito que foi internada com depressão aguda. A anotação do médico diz que ela não está reagindo ao tratamento. Será que encontrei algo?"

Deu uma olhada no restante das fichas, voltou à de Ângela, decorou endereços e telefones. Entregou as fichas à atendente e agradeceu:

— Muito obrigado, infelizmente não a achei, não está aqui.

Saiu do hospital e foi ao Departamento de Telefonia, na cidade. Ligou para a casa de Ângela, e uma mulher atendeu. Valter disse ser o médico que tratava dela. A senhora disse que era irmã de Ângela e atendeu-o prontamente.

— Senhora, por favor, gostaria que me esclarecesse algumas dúvidas sobre a paciente Ângela, sua irmã. Quando mesmo ela começou a ter os sintomas? Sei que já perguntamos, mas quero ter certeza, para melhor ajudá-la.

— Foi de repente — respondeu a mulher, do outro lado da linha. — Antes não se queixava de nada, era alegre, entusiasmada com o trabalho, gostava do que fazia. Notamos que começou a apresentar problemas e logo ficou como o senhor viu, sem ter noção até de quem é, esse fato nos deixa muito tristes.

— Ela estava contente no emprego? Ia mudar de cidade?

— Como já disse, Ângela gostava do que fazia, estava contente, sim. Seus patrões gostam dela, ela era a mais cotada para assumir uma vaga de diretora em outra escola.

— Na escola...? — perguntou Valter.

— Sim, é, como o senhor sabe? — quis saber a irmã de Ângela.

— Ela me contou...

— Ia com certeza ser diretora lá, mas ficou doente. Como minha irmã está, doutor?

— Melhorará, com certeza. Muito obrigado. Até logo. — Valter se despediu.

Ele consultou o relógio, estava quase na hora de buscá-las no consultório, mas fez outro telefonema. Ligou para a escola onde Ângela trabalhava, usou novamente o nome do médico. A diretora deu algumas informações, Ângela trabalhara ali por dezoito anos, começou como professora, foi promovida a secretária, subdiretora, estava afastada para o tratamento, aparentemente não teve motivos para ter adoecido. Se não estivesse enferma, seria diretora de outra escola. Valter agradeceu e foi buscá-las, e ainda bem que as duas atrasaram. Foram almoçar e, depois, as levou a algumas lojas, carregou sacolas, e, às quinze horas e trinta minutos, Nelisa pediu para levá-las ao hospital. Valter ficou no estacionamento com Ivany e viu Nelisa dirigir-se para um dos lados, não para a portaria.

— Ivany — disse ele —, vou ver se acho um banheiro, volto logo.

Fingiu que ia à portaria, olhou e viu Ivany distraída, folheando uma revista. Rápido, rumou para onde Nelisa fora, viu-a conversando com um homem vestido de branco, gordo, claro, cabelos rente à cabeça e, por sorte, deu para ver seu crachá e leu: Francisco. Viu a diretora da escola lhe entregar um envelope, falaram baixinho. Achando que já estavam se despedindo, Valter, rápido, voltou ao carro, e, instantes depois, Nelisa retornou, olhou para a irmã e disse somente:

— Tudo bem!

Foram a mais dois locais e regressaram a Água Funda. Ele não escutou mais nada de interessante, então perguntou:

— Nelisa, é difícil tomar conta de adolescentes?

— Não — respondeu ela, sorrindo —, é só saber lidar com elas.

— Você não tem férias? — indagou novamente.

— Tenho sim, mas são bem menores do que as férias das alunas. No momento, estou trabalhando. Era para estar na escola com as garotas que não vão para casa, mas, como José Antônio nos convidou e obtive autorização, pudemos vir.

– Coitadas dessas garotas! Elas nunca vão para casa? – perguntou ele.

– Algumas sim, outras não – respondeu a diretora. – É a primeira vez que Paula sai do internato. É órfã e seu tutor nunca a visita. Mas se ele não vier no começo do ano letivo à escola, irei ao juizado de menores e ele terá de dar explicações.

– Pelo jeito, você cuida muito bem das meninas! – exclamou Valter, sorrindo.

– Se cuida! – manifestou-se Ivany. – Nelisa é pai e mãe para elas. Minha irmã é admirável! Consegue tudo o que quer!

– Que bom ter uma irmã assim! – exclamou o moço. – Certamente ela resolve também seus problemas, isso se você os tiver.

– Eu a amo muito – respondeu –, você tem razão, ela sempre me orienta e ajuda.

Retornaram à noite, foram jantar, e Ivany elogiou-o para o noivo:

– José Antônio, nossa viagem foi ótima. Valter nos levou a todos os lugares que precisávamos ir, é cuidadoso e dirige bem.

– Que bom! Obrigado, Valter.

Conversaram um pouco, e Valter despediu-se, queria ver Paula. Chegou ao alojamento, as meninas já tinham se recolhido. Bateu na janela do apartamento dela e escutou a voz de Paula.

– Shelton não enche! Pare com isso e vá dormir!

– Fantasma dorme? – perguntou Cássia.

– Sei lá, o livro não explica ou não lembro ter lido – respondeu Paula.

– Meninas! Cássia! Sou eu, Valter, aqui na janela!

Paula abriu a janela, estava de pijama, os dois se olharam e ficaram desconcertados, Cássia segurou-se para não rir. Valter falou baixinho:

— Quero contar a você o que descobri de seus pais. Pode ser hoje? Não posso ficar aqui, perto da janela. Logo Nelisa virá para o alojamento.

— Espere-me no lugar em que já nos encontramos, na pedra, que irei em seguida — respondeu Paula.

— Tome cuidado com Nelisa. Como falei, ela virá logo para cá — aconselhou ele.

Valter saiu rápido de perto da janela e rumou para o parque. Cássia determinou:

— Vou junto!

— É perigoso. Se dona Nelisa bater na porta, você responderá. Do contrário, ela poderá entrar e não nos achará — falou Paula.

— Ela não faz isso, nunca bateu e não vai ser hoje que irá nos chamar. E, se isso acontecer, poderemos dar desculpas. Sem sono, saímos um pouquinho — argumentou Cássia.

— Está bem, vamos em silêncio trocar de roupas.

As duas escutaram Nelisa chegar e trancar a porta do seu apartamento.

— Vamos sair agora! — determinou Cássia.

Pularam a janela e rapidamente foram para o local do encontro. Valter esperava-a, não comentou nada por Cássia ter vindo junto. Shelton também foi, escondeu-se atrás de outra pedra para Paula não vê-lo. Ele tinha medo de sair da fazenda. Sabia do perigo de um desencarnado como ele, sem conhecimento, sem ter permissão para estar ali, vagar por entre os encarnados. Tinha receio de não conseguir voltar, de ficar preso em algum lugar e, mais ainda, de se tornar prisioneiro de outros desencarnados. Embora curioso, ele não foi junto, mas queria muito saber o que o amigo descobrira. Ficou então escondido, escutando-os.

— Valter — explicou Paula —, como Cássia sabe de tudo, ela quis vir para acompanhar-me. Pode falar! Vamos, fale!

— Você nem pediu por favor! — reclamou ele. — E não esqueça que fiz isso a você em troca. Bem, como quer que eu diga?

— A verdade! — respondeu Paula.

Cássia percebeu que Valter estava procurando uma maneira de falar, pelo jeito a notícia não devia ser boa.

— Fale, se a notícia não for boa, fale assim mesmo — pediu Cássia.

— Ontem à noite, depois que deixei você aqui, fui à *Maison Red* e depois à delegacia, onde tive a sorte de encontrar um amigo. — Valter fez uma pequena pausa, as duas olhavam-no, atentas. Ele resolveu então contar tudo: — Lalá é dona da casa, um bordel, um bar noturno onde há *shows*, encontros, etc. Lalá chama-se Abadia..., portanto, é sua mãe. Ela não está morta, mas seu pai, sim, morreu há anos. Na delegacia fiquei sabendo que Lalá fez duas denúncias contra o marido por ele ser violento e surrá-la. Em uma briga, ela o matou, foi alegada legítima defesa e ficou presa por pouco tempo; quando saiu, com a herança que os pais dela deixaram e a de seu pai, comprou a Maison. Ninguém sabe que ela tem uma filha, pelo menos acho que não, na ficha dela não consta, mas na de seu pai está registrado que ele teve uma filha com o seu nome. O que descobri foi isso...

— Paula! Paula! Você está bem? — perguntou Cássia, olhando preocupada para a amiga. Depois, se dirigiu brava ao moço: — Viu o que você fez? Precisava falar desse jeito?

— Ora! — resmungou ele.

– Tudo bem! – apaziguou Paula – Agradeço-lhe. Não importa como você falou, não foi o jeito que contou que me abalou, foi a notícia. Vai passar! Achei que nada era pior que ser órfã, mas agora vejo que há! Minha mãe está viva, é uma assassina, matou meu pai, tem essa casa aí, nunca veio me ver...

– Mas sabe de você, confortou-a Valter, penalizado. Não ficou desamparada, ela pagou a escola, sabia que estava bem, protegida, estudando. Da maneira dela, cuidou de você. Não se entristeça, seja forte! Quer que eu lhe faça mais alguma coisa?

– Não sei, acho que não – respondeu Paula.

– Será que essa Lalá, ao saber por aquele senhor, o falso tutor, que a filha já sabe que está viva, não poderá tirar Paula da escola e levá-la? – perguntou Cássia, preocupada.

– Não! – respondeu o moço com convicção. – Não mesmo! O que ela pode fazer é parar de pagar a escola. Quanto a levá-la, isso ela não fará. Eu prometo que não deixo! Se precisar, conto tudo ao senhor José Antônio. Se ela não pagar a escola, você pode trabalhar e se sustentar. Nenhum juiz a obrigará a ir com ela.

– Obrigada – agradeceu Cássia. – Você fez mesmo um grande favor. Há anos minha amiga queria saber de seus pais. E queremos ajudá-lo e ao Shelton. Não é, Paula?

– Você continuará me ajudando? – quis saber Valter.

Paula estava muito triste e quieta, Cássia cutucou-a e ela acenou com a cabeça. A garota médium pensou por instantes.

"Ele me ajudou, fez o que eu pedi, acho que devo ajudá-lo. Estou triste e entendo que Shelton também está, e Valter está fazendo a investigação por amizade."

– Vou ajudá-los – decidiu ela.

– Por que não nos conta como está sua investigação? Descobriu alguma coisa? – perguntou Cássia.

– Sim, mas ainda não sei se estou no caminho certo. Queria saber a opinião de Shelton. Você não o viu mais?

– Ele não conversou mais comigo – respondeu a garota sensitiva. – Mas vi-o por aí, e agora está ali, escondido atrás dessa pedra, estou vendo seus pés. Pode sair daí, Shelton.

– *Não pensei que fosse ver meus pés* – disse Shelton.

– Infelizmente, vejo você inteiro! – exclamou Paula.

– *Sou tão feio assim que assusto?* – perguntou o jovem desencarnado.

– Não é feio, mas é fantasma. O fantasma da Água Funda! – respondeu a garota.

Cássia e Valter se olharam, escutavam somente a ela, entenderam que a médium conversava com Shelton. Valter resolveu interferir e perguntou:

– Será que Shelton pode me ouvir?

– Ele está respondendo que sim – informou Paula.

– Então eu vou pensar em tudo o que fiz e ele poderá dar sua opinião – comunicou Valter.

– Não – falou Paula –, ele está me dizendo que ainda não aprendeu a ler pensamentos, você tem de falar.

– E nós temos de escutar – opinou Cássia. – Se Shelton tem de dar opinião, terá de falar para Paula, ela é a única que o escuta.

Os quatro ficaram quietos, até que Shelton falou, e Paula repetiu.

– *Cássia tem razão!*

– Obrigado, defunto, ou alma penada, Shelton – corrigiu Cássia.

Em outra ocasião, Shelton se ofenderia e responderia, mas a garota estava certa, nem ele mesmo sabia como se definir, era com certeza o fantasma da Água Funda. Valter pensou por um instante e pediu:

– Tudo bem, vou explicar, mas quero, meninas, que prometam, jurem que não falarão nada do que escutarem. Lembro-as de que Shelton foi assassinado, deram a ele, sem que percebesse, uma droga que o deixou sonolento, por isso não conseguiu fazer a curva, capotou o carro e morreu. A doença de Tiago está muito estranha. E tudo indica que quem o matou está por aqui e pode ser perigoso.

– Eu prometo e juro! – afirmou Cássia.

– Eu também não conto – concordou Paula.

– Não sei como falar com vocês. Suavizo ou não? – Valter quis saber.

– Não temos nada com isso, é melhor ir ao assunto. Não temos muito tempo – informou a jovem médium.

– É que fui direto demais com a história de seus pais. Acho que não tenho muito jeito para dar notícias, Paula, mas, se depois, ao pensar sobre o assunto, quiser que eu faça algo mais, é só pedir. Respondam, meninas, vocês gostam mesmo de Nelisa?

– Gosto, todas nós gostamos. Nunca uma professora ou diretora se importou tanto conosco como ela – respondeu Paula.

– Fale logo, o que tem dona Nelisa a ver com o caso? – quis saber Cássia, aflita.

– Creio que Nelisa e Ivany não são pessoas boas, acho que elas são as assassinas!

– O quê?! – perguntaram as duas, juntas e admiradas.

– Vou lhes contar tudo, hoje fui...

As garotas aproximaram-se mais uma da outra, permaneceram atentas e espantadas. Shelton escutou atento também e em silêncio. Valter finalizou:

– Terei a resposta do traficante, se alguém daqui compra drogas. Porém tenho quase certeza de que Nelisa fez a senhora Ângela ficar doente para assumir seu lugar, e tem comprado, desse enfermeiro no sanatório, algum remédio e dado a Tiago. Vou agir, e rápido! Agora que escutaram, podem dar opiniões. Sinto por vocês, garotas, gostam da sua diretora, mas...

– O que é certo, é certo – opinou Paula. – Quantas notícias ruins, tristes! Queria tanto ter uma mãe e quando descubro que tenho uma, fico mais infeliz ainda. Gosto de dona Nelisa, é a primeira vez que alguém do internato quis me ajudar, e ela pode ser criminosa!

– Desculpem-me, meninas – pediu Valter –, sei o que sentem, acho que ficarão sem sua diretora. Mas não posso deixar Tiago ser morto, entenderam? Nelisa é inteligentíssima, quer com certeza que a irmã, ao casar com o senhor José Antônio, seja a única herdeira. Vou denunciar o enfermeiro e pedirei ajuda ao meu padrinho, que é delegado em Campo Alto. Shelton, se você ouviu, me responda, o que acha?

Shelton, também triste, falou devagar, e Paula repetiu:

– *Fico lhe devendo esta, velho! Faça o que está pensando, porém tenha cuidado. Peça para papai internar Tiago e deixá-lo incomunicável. Você deve ser cauteloso e, se ficar em perigo, arme um escândalo. Poderá ter surpresas. Pode atirar no que vê e acertar no que não vê. Obrigado, Paula, por me servir de intérprete.*

– Esse fantasma não diz coisa com coisa! – reclamou Cássia.

– Cássia, já lhe expliquei que é desencarnado ou espírito, corrigiu a amiga. Você pode ofendê-lo.

– Está bem, não quero ofender ninguém, peço desculpas – pediu Cássia.

– Eu entendi o que ele disse – afirmou Valter. – Vamos dormir, garotas! Vão à frente, com cuidado, entrem e fiquem no quarto. Irei em seguida.

As duas foram olhando se não seriam vistas e pularam a janela. No quarto, Paula chorou, e Cássia a consolou:

– Faz de conta que não soube de nada. Não fique triste! Por que não consulta o seu livro precioso? Vamos ver se lá tem algo que a alegre?

– Pode pegá-lo – concordou Paula.

Cássia pegou o livro, procurou no sumário.

– Acho que isso a ajudará – opinou a amiga. – Veja na primeira parte, capítulo quarto: Otimismo. Escute que interessante! Antes do item quarenta e sete: Sistema otimista. Explica que não somente demônios se comunicam, espíritos bons também o fazem. Shelton é bom e pode se comunicar. Nossa, isso aqui é mais interessante ainda! Você deve estudar bem este capítulo para responder à altura a quem a criticar. Mas... aqui esclarece que não se deve achar que existem somente espíritos bons ou maus. Você está certa em tratá-los como iguais, acho que realmente somos todos iguais. Amiga, aqui não explica como acabar com a tristeza. Deve ser porque não existe fórmula mágica para...

– Cássia, por favor – interrompeu a sensitiva –, Espiritismo não é mágica, é ciência, filosofia e religião. Começo a entender que nossa tristeza, por ser nossa, nós é que devemos superá-las. Vou me esforçar, e as meninas nem irão perceber que estou triste.

Paula chorou até que dormiu. Saber de seu passado lhe trouxe muito sofrimento.

10

A ajuda do padrinho

VALTER PERMANECEU NO PARQUE por alguns minutos, sentado em uma pedra, e sussurrou:

– Shelton, eu acho que você ainda está aqui. Tomarei cuidado, ficarei alerta. Entendi o seu recado. Você quis me avisar por charada. Estou achando que foi Ivany, com a ajuda de Nelisa, mas pode ser que Ivany não saiba de nada. Recomendou, se necessário, que eu arme um escândalo. Quer que todos saibam, que seu pai coloque Tiago em uma clínica, ou seja, em um local em que seja difícil feri-lo. Defenderei o seu irmão! Mas algo não está se encaixando nesse quebra-cabeça, parece tudo fácil demais. Vou dormir!

Shelton olhou-o com carinho e sorriu, o amigo descobriria tudo, com certeza.

Valter estava muito cansado e dormiu logo. Shelton ficou andando por ali, já tinha lido vários textos dos livros de Allan Kardec e eles lhe estavam sendo muito úteis.

"Se todos os encarnados tivessem esses conhecimentos e os praticassem, a vida para nós seria muito mais fácil, e a desencarnação, algo simples e aceitável. Se eu tivesse lido esses livros, não teria complicado minha mudança de plano. Preciso aceitar, meu Deus,

como preciso aceitar que agora não estou mais no físico! Mas queria estar encarnado, ter conhecido Paula, tê-la como minha namorada. Ela é geniosa, às vezes fica brava, mas é doce, sincera, e já sofreu muito. Queria consolá-la..."

Ficou embaixo da janela do quarto dela e acabou por chamá-la:

— *Paula! Paula!*

Em espírito, ela se afastou do seu corpo físico adormecido, pulou a janela, olhou para Shelton, e perguntou:

— O que quer agora?

— *Nossa! Devo ser muito pedinte!*

A mocinha sorriu.

— Está bem, mudo a pergunta: O que quer falar?

— *Achei que ficou muito triste e pensei que talvez você quisesse conversar, desabafar.*

— Gentileza de sua parte se preocupar comigo. Estou sim, muito triste. Pelo jeito, tenho uma genética ruim: pai violento, mãe assassina e prostituta.

— *Garota, erramos quando julgamos uma pessoa por um ato somente. Nós somos um conjunto de ações e com certeza temos em nós o que fizemos de bom ou de ruim. Você terá como saber tudo o que aconteceu com seus pais. Poderá conversar com sua mãe, escutá-la, obter informações com pessoas que conheceram seu pai. Não se preocupe com a genética, somos espíritos ainda vulneráveis a exemplos e à educação que recebemos, mas somos herança de nós mesmos.*

— Como sabe disso? — quis saber a sensitiva.

— *Vi você lendo aquele livro, pedi à minha mãe e ela me trouxe toda a obra de Allan Kardec. Estou, por essa leitura, compreendendo muitas coisas.*

— Será que vou ficar triste por muito tempo?

— *Não, as tristezas, assim como as alegrias, são passageiras.*

– Shelton, Valter é mesmo leal? – perguntou a garota.

– *Sim, ele é sincero, verdadeiro, bom amigo, pode confiar nele.*

– É solteiro? Não tem namorada?

– *É solteiro* – respondeu o jovem desencarnado, com ciúmes do interesse dela. – *Não sei se tem namorada.*

– Tchau, Shelton. Espero que, assim que resolva seu problema, você possa ir para o plano espiritual e ter sossego.

– *Acha que meu lugar não é aqui?*

– Claro que não! – respondeu depressa. – Não lembra do aperto que passamos com aqueles desencarnados mal-humorados? É perigoso você ficar vagando. Estou começando a compreender a vida, pois já li *O Livro dos Médiuns*, inteirinho, agora estou voltando às partes que me interessam, as que me são úteis ou de que necessito. Quero e vou ler também as outras obras. Boa noite!

Paula voltou para seu corpo físico adormecido. Acordou cedo no outro dia, com Nelisa chamando-as. Cássia, assim que despertou, indagou à amiga:

– Você dormiu? Como está?

– Dormi – respondeu Paula –, mas continuo triste. Lembro-a que prometemos não comentar com ninguém. Para todos, não sei nada dos meus pais.

– Certo, conversaremos sobre isso somente quando estivermos sozinhas. Não se chateie, nada é perfeito para ninguém.

Tomaram o café da manhã. As meninas iam para o pomar colher frutas. Valter conseguiu fazer sinal para Cássia, que entendeu, e foi com Paula para o parque, explicando às outras que logo iriam encontrá-las. Aguardaram por minutos na pedra, e Valter aproximou-se.

– Vou falar rápido. Estou preocupado com você, Paula. Acho que deveria ter lhe contado aos poucos. Fui indelicado!

– Você não foi – respondeu Paula –, eu sim é que fui, nem lhe agradeci.

– Meninas, quero lhes pedir para não se envolverem e, por favor, não contem a ninguém, nem à Nelisa.

– Você acha mesmo que ela é a criminosa? – perguntou Cássia.

– Desconfio, pelo que já investiguei. Sinto em lhes dizer que ela fez algo errado e não posso deixar, por isso mesmo, entenderam? Mesmo se ela não tiver nada com a morte de Shelton, uma pessoa está hospitalizada, em um sanatório de doentes mentais, porque Nelisa quis se livrar dela. Não posso dizer com certeza, mas terei como saber se ela é ou não culpada.

– É uma ótima diretora para nós, mas se agiu errado... Depois, acho que não devemos lhe pedir para não denunciá-la, não é? – perguntou Cássia.

– Infelizmente, se me pedirem, não poderei atendê-las.

– Faça o que você tem de fazer. Se ela não for culpada, tudo ficará bem. – Paula olhou para ele e percebeu que o ex-policial tinha certeza de que Nelisa era culpada. – Nós vamos sentir, mas não é justo alguém ficar em um hospício para nós desfrutarmos de uma boa diretora.

– Sabia que vocês entenderiam! – ele suspirou aliviado.

– Você se preocupa conosco? – quis Cássia saber.

– Preocupei e me preocupo. Senti por você, Paula, ter ficado triste e quero lhe dizer que nem tudo é conforme planejamos. Queremos que nossos pais sejam heróis que nos salvam nas dificuldades, mas nem sempre é assim. Você ficou sabendo somente de acontecimentos ruins, mas também deve haver outros bons em sua vida.

Paula, que estava de cabeça baixa, levantou-a e olhou-o, ele também a fitava. Sentiu que escutava algo parecido, mas de quem? Sonhou? Sim, lembrou, sonhava com Shelton, que a consolou dizendo algo parecido. Valter continuou a falar:

— Com certeza, seus pais, antes de brigar, se amaram, ficaram felizes ao terem você por filhinha, e, depois de tudo, sua mãe tentou protegê-la, quis que ficasse longe daquele ambiente. Achou que talvez fosse melhor para você se todos acreditassem que era órfã.

— Pensando desse jeito... — opinou Cássia. — Paula, ele tem razão. Sua mãe deve gostar de você, seu pai com certeza amava-a. Já pensou se Fabiana ou outras garotas fofoqueiras soubessem a verdade? Iriam humilhá-la, sua vida teria sido um inferno.

— Você está melhor? — quis o moço saber.

— Estou bem — respondeu Paula —, obrigada pela sua preocupação.

— Quero lhe dizer também — afirmou Valter —, que vou ajudá-la. Pedirei ao senhor José Antônio para lhe arrumar um emprego. Vou protegê-la! Quero ser amigo de vocês.

— Isso é ótimo! — exclamou Cássia. — Aceito ser sua amiga!

— Eu também — concordou Paula —, e obrigada mais uma vez. Desejo sair da escola. Não quero receber mais nada de Lalá e não quero morar com ela.

— Não irá, afirmo a você que não irá! Se quiser conversar com sua mãe, eu a acompanharei, mas morar com ela não! — determinou o moço.

— Parece que está com ciúmes — observou Cássia.

Valter ficou sem graça e, mentalmente, concordou com Cássia. Realmente não queria Paula no ambiente do *Maison Red*.

— Eu... — Valter tentou explicar.

Mas foi salvo por Tiago, que veio na direção deles, gritando:

– Valter! Valter!

O garoto sentou-se ofegante na pedra, respirou e falou:

– Vim procurá-lo para jogarmos. Vocês duas jogam conosco? Aviso-as que iremos ganhar!

Riram, as meninas concordaram, e Tiago começou a ter ânsia. Valter segurou-o e ele vomitou bastante, empalideceu.

– Tiago! – gritou Alzira.

Alzira era uma senhora agradável, fora babá do garoto e continuou na casa como empregada, mas ainda cuidava com carinho de Tiago. Viera atrás dele e, ao vê-lo passando mal, determinou:

– Vamos carregá-lo para casa!

Valter amparou-o, mas Tiago não aguentou andar, então ele pegou-o pelos braços, Alzira pelos pés e, as duas tentaram ajudar. Levaram-no para casa e colocaram-no na cama.

– Vou telefonar para o médico – disse Alzira.

– O jogo ficará para depois... – falou Tiago, com dificuldade.

– Certo, garotão, mais tarde jogaremos – concordou o moço.

Valter olhou para as meninas e elas, com o olhar, incentivaram-no a fazer, e logo, o que deveria ser feito. Elas saíram, foram ao pomar e, para justificarem o atraso, Cássia contou a Nelisa:

– Paula e eu vínhamos para cá encontrarmos com vocês, quando dona Alzira nos pediu para ajudá-la porque Tiago desmaiou, sentiu-se mal, sei lá o que; ela e Valter carregaram-no e nós os acompanhamos até o quarto dele. Coitado do garoto!

– O que será que ele tem? – quis saber Luciana.

– Alguma doença estranha – respondeu Fabiana.

– Tenho pena dele, é tão lindinho! – opinou Eleonora.

– Vocês agiram certo – concordou Nelisa –, devem ajudar quando lhes é pedido. Meninas, continuem aqui no pomar. Vou ver se posso auxiliar. Por favor, não perguntem a ele nem a ninguém da casa o que Tiago tem.

Elas concordaram, e, quando viram que Nelisa afastou-se, as garotas quiseram saber mais. Cássia repetiu o que dissera e logo passaram a conversar sobre outros assuntos. Após o almoço, ao receberem cartas, ficaram sabendo por um empregado que o médico viera ver Tiago e que ele estava, no momento, dormindo. Paula e Cássia não viram Valter e, com as outras meninas, foram responder às missivas.

Valter tinha planejado ir a Campo Alto no outro dia, mas, como Tiago passou mal, achou que deveria agir rápido, e foi, assim que deixou o garoto acomodado. Shelton sentiu muita vontade de acompanhá-lo, mas receou. O amigo ia à delegacia e lá deveria haver alguns desencarnados que poderiam confrontá-lo. Nunca fora medroso, mas desencarnados maus eram de dar medo. Ali se sentia, de certa forma, protegido. Podia correr para o oratório, chamar por sua mãe.

"*Mãe*", pensou Shelton, "*nos acode até quando estamos desencarnados*". Lembrou de Paula e concluiu: "*algumas, infelizmente, não*".

Valter passou antes no banco, viu, pelo seu extrato, que seu dinheiro, que levou anos para acumular, diminuía rapidamente. Mas tinha de abastecer o carro. Estava inquieto, procurou pensar em todos os acontecimentos para não deixar escapar nenhum detalhe.

"Vou conversar com o meu padrinho, mas devo prestar atenção no que falo. Se digo que Shelton, o mortinho, me pediu para investigar, ou que recebi recados dele, meu padrinho que já achou que eu não estava bem por ter saído da polícia, me internará dessa vez. Deveria ter prestado mais atenção no que minha tia-avó dizia. Iria me valer agora, com certeza, nesse complicado intercâmbio. Só pode ter sido Shelton mesmo que me mandou esses recados. Como a médium iria saber daquela pedra e daqueles objetos? Paula! Ela é uma graça, uma garota linda. O que será que ela acha de mim? Será que a agrado? Me achará velho? A coitadinha levou um choque ao saber de seus pais. Será que meu avô a aprovaria para ser minha esposa? Certamente iria me alertar quanto à mãe. Preconceito! Ela sofre tanto por ter a mãe assim e ainda terá de pagar por isso? Ela é tão doce, tão bela!"

Suspirou alto e sorriu, resolveu voltar seus pensamentos ao que tinha que fazer.

Em Campo Alto, foi direto para a delegacia, não esperou muito, e seu padrinho o recebeu, contente.

— Meu afilhado veio me ver! Não precisarei desta vez implorar pela visita. Vou avisar em casa que almoçará conosco. Sua madrinha ficará contente. Faz tempo que não nos visita.

— Padrinho, eu...

— Não veio nos visitar, não é? Precisa de alguma coisa? Está encrencado? Fale, menino!

— Não estou encrencado, não fiz nada de errado – respondeu Valter.

— A não ser sair da polícia. Sente-se aqui. Por que veio?

— Padrinho, o senhor sabe que fui amigo de Shelton, o filho do senhor José Antônio.

— Aquele que morreu no acidente? Sei sim! Foi uma pena! – exclamou o delegado.

— Só que não foi acidente, ele foi assassinado!

— Como é? Esclarece, por favor – pediu seu padrinho.

Os padrinhos de Valter eram pessoas muito boas, honestas e gostavam dele. Quando quis ser policial, ficaram contentes, mas quando quis sair, reprovaram, mas entenderam. Seu padrinho era delegado regional, policial honesto, competente, e logo se aposentaria.

– Sempre achei estranho aquele acidente – explicou Valter. – Shelton era ágil, dirigia bem, mas acidentes acontecem. O senhor José Antônio me convidou para passar uns dias na sua propriedade para distrair o outro filho dele, Tiago, que está doente, e os médicos não sabem ao certo o que o garoto tem. O senhor José Antônio me contou e pediu sigilo, mas agora tenho motivo para dizer ao senhor que, na autópsia do corpo de Shelton, constatou-se que ele havia ingerido drogas. Shelton não fazia uso de tóxico, desconfiei e resolvi investigar. Padrinho, vim ontem aqui a Campo Alto. O senhor José Antônio me pediu para trazer a noiva e a cunhada, e aí...

Valter contou tudo o que viu, seu padrinho ouviu atento e, quando o afilhado terminou, exclamou:

– Francisco?! Será esse o homem que procuramos? Valter, um senhor deu queixa na delegacia, afirmou que sua filha doente esteve internada nesse hospital e foi estuprada; alegou que ela era dopada com remédios que a deixavam confusa e que, depois, parecia ter sonhado. Como a filha desse senhor chorava muito e pedia para sair, ele a levou para casa, e lá ela contou o que lhe aconteceu. Esse senhor primeiramente queixou-se com o diretor do hospital, que afirmou que era impossível ter havido um estupro, que a moça inventava por ser doente etc. Então, esse pai deu queixa. Suspeitamos do diretor, mas nas investigações não achamos nada. Você viu Nelisa dar um envelope a esse enfermeiro. Seria dinheiro? Ela compra algum remédio ou o paga para dopar a senhora Ângela? Enquanto almoçamos, vou pedir para investigar esse Francisco e saber como ele está financeiramente. Porém, meu afilhado, existe um detalhe que não pode ser esquecido: normalmente, para crimes, temos causas e motivos e na maioria dos que acontecem com pessoas de posses, é o interesse. Você me contou que o genro do José Antônio é rico, que viu em uma revista etc. Mas sei por amigos que a indústria dele não está bem financeiramente e uma herança o salvaria.

— Meu Deus! Maísa não seria capaz! — exclamou Valter, surpreendido.

— Ela não. Você conhece o marido? — perguntou o delegado.

— Não conheço, eles moram em outro país.

— Sei que é difícil acreditar nessa possibilidade, queremos sempre que os criminosos sejam antipáticos, as conhecidas pessoas de mau caráter, mas infelizmente não é assim. Conheço Maísa desde pequena e você mais ainda, mas não conhecemos o marido e não sabemos do que ele é capaz. Quanto a morar em outro país, não é álibi, podem bem ter contratado alguém. Pagando, bandido é que não falta.

— É difícil acreditar nessa possibilidade! — expressou o moço, suspirando tristemente.

— Não seja ingênuo — aconselhou seu padrinho. — Não se pode descartar ninguém. Se acharmos quem comprou droga e se não for o comprador o assassino, saberemos quem é o mandante.

Valter esperou que o padrinho desse ordens e foram almoçar. Sua madrinha fez uma festa. Ele resolveu que voltaria para visitá-los mais vezes, era muito agradável revê-los. Valter acompanhou seu padrinho quando retornou à delegacia. Uma surpresa os aguardava.

— Delegado — disse o encarregado de investigar Francisco —, o investigado, com certeza, é o nosso homem. É um enfermeiro, está no hospital trabalhando há dois anos. Antes, morava... veja sua ficha. Mudou muito de emprego. Saiu de uns, em outros foi dispensado, verifiquei todos e obtive informações que interessam: suspeita de pegar remédios, de não dar a enfermos a medicação e esta sumir. Ele até foi acusado, porém sem prova, de abuso sexual. Ele mora sozinho e hoje cedo fez um depósito polpudo, maior que seu ordenado, na sua conta corrente.

– Vou expedir já uma ordem de prisão. Prenderemos esse sujeito, e ele irá nos dar explicações.

Um policial foi rapidamente pegar a autorização no juizado, porque o delegado telefonou, explicando tudo ao juiz.

– Assim que vierem com a autorização – comunicou o delegado –, iremos ao hospital, quero prender esse Francisco. Tenho certeza de que ele é o sujeito que procuramos. Estuprar uma doente e ainda sedá-la!

– Não esqueça, padrinho, do caso de Nelisa – pediu Valter.

– Pode deixar comigo. Por que você não fica conosco esta noite? Se tudo correr bem, amanhã prenderemos essas duas vigaristas, que podem ser as assassinas.

– O que me intriga é que eles não casaram ainda.

– Você tem dúvida de que esse casamento sai? – perguntou o delegado.

Valter balançou a cabeça, concordando, e resolveu ir para a casa de seu padrinho e esperar lá o resultado da prisão. Não gostava nem um pouco dos meios que usavam para que o preso confessasse. Os interrogatórios deixavam o investigado confuso, apavorado, eram muitas perguntas repetidas, estafantes até para quem interrogava, tanto que se revezavam, ameaçavam e, infelizmente, às vezes, as ameaças se concretizavam.

A madrinha de Valter agradou-lhe, fez seu doce predileto, e ficaram conversando.

– Você não pensa em casar? – quis a madrinha saber.

– Desempregado e sem saber o que fazer, não posso pensar em casamento.

– Não tem nenhuma pretendente?

– Bem... Madrinha, conheci uma garota linda, delicada e sensível e... – Valter pensou em Paula.

– Está apaixonado?

– Conheço-a há pouco tempo. A vida dela não é fácil. Depois, não sei se ela me quer – respondeu o moço.

– Claro que irá querer! – afirmou a madrinha. – Você é lindo, maravilhoso, fofo, inteligente. Por que você não pergunta a ela? É só dizer: quer namorar comigo? Simples!

– Sim, é simples – concordou Valter. – Mas por que será que o simples é complicado? Só de pensar em mim falando isso, sinto-me tremer. Mas a senhora tem razão, devo demonstrar interesse e, se perceber reciprocidade, peço-a em namoro.

– E irá prometer trazê-la para que eu a conheça.

Mesmo com a madrinha falando muito, não conseguia se concentrar na comida, Valter estava aflito para saber o que estava acontecendo.

As meninas passaram o dia pela fazenda. Paula realmente disfarçou, ninguém percebeu que estava triste. Quando as duas amigas ficaram sozinhas, Cássia pediu:

– Paula, por que você não pergunta ao Shelton se ele sabe de seu pai, poderia também pedir para ele nos dizer se vamos casar, ser feliz e ter filhos. Pergunte a ele na próxima vez que vê-lo, está bem?

– Cássia, você não é médium, mas poderia estudar esse livro também. O conteúdo dessa obra é cultura. Você não pode ignorar o básico desses fenômenos – Paula pegou o livro e esclareceu: – Desculpe a bronca, antes eu também pensava em fazer isso. Depois que li, compreendi que estava errada. Na Parte

Segunda, Capítulo 27 – "Contradições e mistificações"[4] – veja o que grifei: "Não se deve esquecer que há entre os espíritos, como entre os homens, falsos sábios e semissábios... há mistérios que eles explicam à sua maneira... podem formar opiniões mais ou menos justas... espíritos que ainda não estão aptos a tudo conhecer e compreender..." E na questão 300,[5] explica: "Há assuntos, portanto, sobre os quais os interrogaríamos em vão, seja porque não podem fazer revelações, seja por ignorá-los, só podendo nos dar a sua opinião pessoal."

– Entendi! – exclamou Cássia. – Shelton não teria como responder, porque não sabe, com certeza lhe diria "não sei", porque Shelton é sincero, mas se fosse outro espírito, irresponsável, responderia o que lhe viesse à cabeça. É melhor não perguntar nada. E você tem razão, não é porque não sou médium que não precise desses conhecimentos. Vou ler todos os livros desse senhor.

– E eu vou estudá-los! Porque acho que quando conhecemos sobre o assunto, nós o dominamos. E assim será. Certamente terei muitas dúvidas e poderei, ao consultar meu livro precioso, esclarecê-las. Acho que *O Livro dos Médiuns* é um guia seguro para quem quer fazer o bem com a mediunidade.

Esperaram Valter com ansiedade, mas disfarçaram, enquanto o grupo de garotas curtia as férias.

---

4. Op. cit., p. 291. (Nota do Editor)
5. Idem. (N.E.)

11

Tiago é internado

E FOI SOMENTE À NOITE QUE SEU padrinho chegou a casa e contou a Valter:

– Pegamos o suspeito. Levou um tremendo susto ao ser preso. O diretor, mais ainda. Francisco falsificou documentos para ser admitido. O diretor avançou nele, esmurrou-o e demorei um pouquinho para segurar o médico, deixei o enfermeiro levar uns socos. Indignado, o diretor colaborou em tudo, não quer escândalo no hospital, informei-o sobre Ângela, e ele nos garantiu que pessoalmente irá verificar seus medicamentos e tratar dela. Fomos à casa do detido e apreendemos algumas provas. Francisco foi levado à delegacia e conduzi o interrogatório. Com jeito ou sem jeito, como você costuma dizer, eu o fiz confessar que dava remédios que deixavam a ex-empregada da escola dopada. Não foi fácil, ele falou porque ameacei deixá-lo na cela junto com os outros presos, que odeiam estupradores. Não o deixaremos dormir, o interrogaremos por horas, temos certeza de que ele estuprava doentes. Quando ele confessar quem pagava para que dopasse Ângela, pedirei autorização para que Nelisa e Ivany sejam presas para averiguações, mas preciso ter algo mais concreto, ter provas, para mantê-las na prisão. Quanto ao outro caso, do assassinato do seu amigo, teremos de investigar muito mais. Amanhã é sábado, durma aqui em Campo Alto e, pela manhã, irá comigo à delegacia e saberá o que obteremos no depoimento de Francisco.

— Padrinho — pediu Valter —, o senhor não me faria o favor de pedir para o diretor do hospital para falar com o doutor André, o médico que trata de Tiago, dessa possibilidade, mesmo sem prova, de que ele esteja sendo envenenado ou intoxicado, e que suspeitamos que pode ser alguém da casa? Se Tiago for afastado, ficar em um local incomunicável, ele se recuperará.

— Você acha mesmo que estão dando alguma droga ao garoto? — perguntou o delegado.

— Sinto que sim, ou melhor, tenho certeza. Até obtermos provas, Tiago pode morrer ou piorar.

— Desconfia de alguém que frequenta a casa?

— Só pode ser uma pessoa que está próxima a ele — respondeu Valter. — O garoto não sai e, nesses dias em que estou lá, não recebeu visitas.

— Lembro-o que Maísa conhece bem os empregados da casa, e alguém de lá pode estar fazendo isso para eles.

— O senhor desconfia mesmo deles?

— Não descarto essa possibilidade — respondeu seu padrinho —, não desconfio da filha, mas do marido. Ele tem motivos para ter matado Shelton, querer eliminar Tiago e, depois, José Antônio. Vou fazer o que me pede.

O delegado telefonou para o diretor do hospital, que o atendeu prontamente. Ele estava apavorado, com medo do escândalo, e tentou justificar:

— Doentes inventam. Não julguei que um funcionário meu pudesse fazer isso, estuprar uma enfermeira! E Ângela veio para cá muito doente, o senhor me entende, não é? Veio enferma e continuou. Agora, eu mesmo estou tratando dela.

— Ela se recuperará? — perguntou o delegado.

— No estado em que ela ficou, demorará meses. As drogas causaram danos. Farei de tudo para que se recupere logo. Senhor, repito e não se esqueça, ela veio para o hospital dopada.

— Senhor diretor — disse o delegado —, estávamos investigando outro delito e descobrimos esse. Mas nesta investigação não temos ainda provas para prendermos os culpados e para termos sucesso quero lhe pedir um favor, em troca, prometo contar a imprensa a verdade sobre Ângela. No caso de estupro da jovem enferma, não deixarei vazar, porque também o pai da moça não quer publicidade.

— Faço o favor que quiser — prometeu o diretor, suspirando aliviado.

— O senhor conhece o doutor André? — perguntou o padrinho de Valter. — É amigo? Ótimo. Quero que o convença a internar um garoto no seu hospital. — E explicou quem era Tiago e do que duvidavam e completou: — sem provas, não posso prender ninguém, e temo pelo menino. Doutor André pode argumentar com José Antônio que Tiago necessita fazer exames em aparelhos que somente há no seu hospital, e, aí, o senhor não deixará que o menino coma nem beba nada de fora.

— Conversarei agora com André, e farei no garoto um tratamento de desintoxicação, cuidarei dele.

Despediram-se, e o padrinho falou:

— Pronto, meu afilhado, espero que você tenha razão, porque, se não for intoxicação e o garoto estiver doente, terei complicações.

— Obrigado, padrinho, tenho certeza do que afirmo.

Os três conversaram até tarde. No outro dia, cedo, Valter foi com seu padrinho à delegacia, e lá ficaram sabendo que Francisco cometera alguns delitos, mas o que o interessou foi que ele vendeu remédios fortes a Nelisa, para dar a Ângela para que adoecesse, e que, internada, ele, como enfermeiro, continuou dando esses remédios. Nelisa pagava-o por isso.

— Acho que ele está falando a verdade. Ele sabe que esse fato é pequeno diante dos estupros que cometeu. O juiz já decretou sua permanência na prisão até o julgamento.

— O senhor o colocará junto dos outros, dos presos que não gostam de estupradores? – perguntou Valter.

— Por enquanto, não. Verificaremos tudo o que ele nos disse, primeiro – respondeu o delegado.

— O senhor poderá prender Nelisa somente com a confissão de Francisco?

— Apresentaremos as provas para o juiz, e é ele que determinará. Espero prendê-la o mais rápido possível. Você ficará ou irá embora?

— Volto agora para Água Funda. Padrinho, tente agilizar essas prisões, justifique ao juiz que precisa saber o que davam ao Tiago. Os médicos tratarão melhor dele se souberem o que o menino toma.

— Valter! – exclamou o delegado.

— Desculpe-me, é que gosto do garoto. Não estou ensinando ao senhor o que fazer, mas estou ansioso por dois motivos: quero impedir que Tiago morra e prender quem assassinou meu melhor amigo.

Despediram-se, e Valter retornou a Água Funda. Enquanto ele esteve fora, tudo pareceu normal na propriedade do senhor José Antônio. No dia anterior, as garotas ficaram no pomar, foram almoçar. À tarde, Nelisa e a irmã foram à cidade. Elas passearam, jogaram e, após o jantar, Paula quis ir para o quarto. As meninas conversaram um pouco e foram para seus apartamentos.

— Paula, você está bem? – perguntou Cássia.

– Não estou – respondeu ela, suspirando.

– Não deve fazer diferença a você só seu pai ter morrido. Continua órfã, já que sua mãe preferiu assim. Estou preocupada com Valter, ele saiu e não voltou ainda.

– Cássia, você está interessada nele?

– Poderia estar, ele é bonito, gentil, inteligente, mas você sabe que me interesso por outro – respondeu Cássia.

– Que faz tempo que não vê nem sabe como ele está – observou a amiga.

– Deixemos o meu pretendente, será assunto para outro dia. Valter está interessado em você!

– Claro que não está! Mas é melhor mesmo deixar esse assunto para depois. Também estou preocupada com ele.

– Bem, já que não quer chorar, é melhor irmos dormir – determinou Cássia.

Shelton também estava inquieto, ficou de longe observando as meninas, principalmente Paula, mas não queria que ela o visse, entendia que não deveria ser agradável ver espíritos a toda hora. Estava muito preocupado com Tiago, achava que se não fizesse alguma coisa, seu irmão certamente iria desencarnar. E estava apreensivo porque o amigo não voltava. Como as garotas foram dormir, ele voltou para a casa e viu Elizângela sentada em um banco do jardim. A moça chorava. Shelton não sabia se ela falava baixinho ou pensava, mas escutou-a.

Ele não sabia ouvir pensamentos. Desencarnados podem fazer isso depois que aprendem, e, como não são muitos os que aprendem, nem todos desencarnados sabem. Mas em casos como de Shelton, em que o encarnado pensa neles, estando perto, podem ouvir os pensamentos. Elizângela pensava:

"Shelton, querido, que falta você faz! Benício não iria me chantagear com você aqui. Contar-lhe-ia tudo e nos defenderia, porque era justo, leal, e não iria permitir que Benício fizesse isso comigo."

– *O que ele fez?* – perguntou Shelton.

Shelton ficou curioso, mas perguntou por perguntar, não esperava que ela fosse responder. Muito ligada a ele, Elizângela não ouvira, mas sentiu vontade de continuar pensando, como se estivesse contando a alguém o que acontecia.

"Sempre amei Shelton, e ele nunca se interessou por mim, nunca soube..."

– *Não soube mesmo, nem desconfiei; para mim, você, Elizângela, era mais uma garota que morava na fazenda, filha de empregados, educada e boazinha. E, se soubesse, acho que tenho de ser sincero, iria somente ficar lisonjeado, ou até chateado, mas não teria chance, não iria namorar você, principalmente se tivesse conhecido Paula. Mas diga Elizângela, o que Benício lhe fez?*

Elizângela continuou a se lamentar e a pensar:

"Não sei por que Benício foi se apaixonar por mim, ou melhor, cismar, porque aquele lá é incapaz de amar. Acho que por não estar interessada nele é que ele me quer. E como o senhor José Antônio está preocupado com Tiago e envolvido com Ivany, não presta mais atenção em nada, e fará o que Benício quer. E, depois, é ele mesmo que toma conta dos empregados. Se eu não namorá-lo, irá nos despedir, e para onde iremos? Benício não quer um simples namoro, quer que seja carinhosa, sincera e apaixonada. Quer que vá com ele amanhã em uma festa e que anunciemos nosso namoro. Bandido! Isso não se faz! Não tenho alternativa! Terei de aceitar! Vou entrar antes que ele me veja aqui e venha conversar comigo."

Elizângela foi para sua casa, e Shelton ficou ali, triste e preocupado. Resolveu ir ao quarto do irmão. Tiago, por ter passado mal, estava pálido e dormia. Saiu do quarto e passou pela sala. Ivany e seu pai conversavam, e ele escutou a noiva do seu genitor falar:

— Quero ter filhos, uns dois, que serão com certeza sadios, e eu saberei educá-los.

— *Educá-los?!* — exclamou Shelton, com raiva. — *Certamente está se referindo ao fato de terem encontrado drogas no meu cadáver. Seus sonhos não serão concretizados. Não será minha madrasta, pessoa detestável! Víbora! Sabe que meu pai não pode ter mais filhos e fica fingindo. Descobriu porque mexeu nos papéis dele. Não sei por que papai não conta a ela.*

Enjoado de ver os dois juntos, resolveu ficar no jardim.

No dia seguinte, as meninas, após o café da manhã, foram à cidade com o motorista, e Nelisa recomendou:

— Confio em vocês, tanto que as deixo irem sozinhas. Ajam como se eu estivesse junto. Voltarão para o almoço. Divirtam-se!

Paula pensou até em não ir, mas não teria como se desculpar e resolveu se divertir. O motorista as deixou na praça, com horário marcado para pegá-las. Ficaram andando por ali, resolveram entrar na igreja, e Paula orou com fé:

"Deus, sou órfã, mas não sou, ajude-me a entender isso. Auxilie a dona Nelisa, ela é boa, ou não é mais, não sei, embora ela tenha agido errado, ajude-a mesmo assim, foi boa para nós. Deus, faça com que eu não veja mais mortos ou desencarnados. Assim seja!"

Ela viu dois desencarnados que rezavam ali na igreja.

"Acho que tenho que orar mais e pedir com muito fervor para não ver mais espíritos."

As meninas quiseram sair, e as seis deveriam ficar juntas. Embora Paula quisesse ficar, teve de acompanhá-las. Os garotos da cidade as olhavam, e logo um grupo aproximou-se, convidou-as para um sorvete. Ficaram conversando. Paula não se interessou por nenhum.

"São bonitos, mas, quando os comparo com Valter, nenhum tem chance. São muito novos, nem sabem conversar; falam somente de assuntos que não me interessam."

Ficou aliviada quando voltaram para a fazenda.

Valter chegou a Água Funda e soube que as garotas tinham ido à cidade. Viu o carro do médico de Tiago no estacionamento e resolveu entrar. Na sala, estavam Ivany, Benício, Tiago, o médico, doutor André e o senhor José Antônio. Entrou e cumprimentou a todos.

– Valter – disse o senhor José Antônio –, doutor André quer levar Tiago para fazer uns exames. O que você acha?

Em outra ocasião, o senhor José Antônio nunca iria lhe pedir opinião. Valter percebeu que ele fizera isso porque as opiniões ali estavam divididas.

– Quero somente levar Tiago para uns exames, serão dois ou três dias – justificou o médico.

– Papai, quero ir – pediu Tiago.

– Não me venha falar de seu sonho. Já disse que sonhos são bobagens – argumentou o proprietário da fazenda.

– Papai, foi a primeira vez que sonhei com Shelton, e ele me pediu para fazer uns exames.

– Conte-me o que você sonhou – pediu Valter.

– Você acredita? – Tiago perguntou. Como Valter afirmou com a cabeça, contou: – Vi Shelton, ele estava bem, com aquela camisa de que gostava e que lhe dei de presente. Meu irmão me pediu: "Tiago, meu irmãozinho, você deve fazer uns exames." Abraçou-me, sumiu e eu acordei.

– Senhor José Antônio – opinou Valter –, o que há de mais em Tiago fazer exames? Hospital é hospital. Esse que citou não trata somente de doentes mentais, mas de intoxicação. Fiquei sabendo que eles receberam equipamentos de última geração. Acho que Tiago deve ir, principalmente se quer.

– É mesmo? – perguntou o senhor José Antônio. – Aparelhos novos?

– É isso que estou tentando lhe explicar – falou o médico. Tiago fará umas tomografias.

"Mais essa despesa", pensou José Antônio. "Emprestei dinheiro ao meu genro, e minha reserva está escassa. Tomara que esses exames não fiquem muito caros. Mas a saúde de Tiago está em primeiro lugar."

– Podemos levá-lo e ficarmos em um hotel, não precisa o menino ficar internado – sugeriu Ivany.

– É que ele poderá vomitar e no hospital terá melhores acomodações – argumentou o doutor André.

– Posso cuidar dele, vômitos não me incomodam – disse Ivany.

– É melhor você ficar no hospital – pediu Valter, falando baixinho para Tiago.

Valter olhou para Benício, ele parecia se divertir com a discussão.

– Senhor José Antônio – disse o médico –, me desculpe se insisto, mas surgiu uma possibilidade de Tiago estar intoxicado e quero investigar.

– Intoxicação? Como? Tiago não come nem bebe nada de diferente – Ivany se exaltou.

"Ela está com medo", pensou Valter. "O doutor André deve saber que é a futura madrasta que está querendo matar o garoto, é melhor interferir."

– Pode ser alergia. Comemos as mesmas coisas e pode ser que faça mal a uma pessoa somente. Algo que nós todos comemos ou usamos pode estar prejudicando Tiago. O senhor pediu minha opinião: deixe que o doutor André o leve. Dois, três dias passam rápido. Quem sabe não descobre que Tiago é alérgico a algo simples, e ele irá se curar.

— Você acha isso? — perguntou Benício, que falara pela primeira vez.

— Benício — respondeu Valter —, Tiago está doente e queremos vê-lo curado.

— Doutor André, quando o senhor disse intoxicado, foi pensando em alergia, ou é opinião de Valter, que nem sabe o que diz? — perguntou Benício.

Valter nem olhou para Benício, mas sim para o médico que, percebendo a insinuação, explicou:

— Suponho que seja alergia! Há meses tenho pesquisado e estudado o que Tiago pode ter. Já fizemos exames demais, mas não de alergia. Dias atrás, recebi uma revista estrangeira, e nela há um artigo interessante sobre alérgicos, em que estudiosos esclarecem que a alergia pode apresentar sintomas parecidos com esses que Tiago tem e...

— Filho, você quer ir? — interrompeu o senhor José Antônio.

Valter torcia para que Tiago saísse da casa o mais rápido possível. Olhou-o, queria que o garoto o olhasse, mas o menino estava de cabeça e olhos abaixados. Ficaram em silêncio por segundos, e o menino respondeu:

— Quero ir, papai!

— Vamos, então. Eu o acompanharei e ficarei lá com você — determinou o senhor José Antônio.

— Não pode — interferiu o doutor André. — Tiago dormirá muito. O senhor poderá ir conosco, deixá-lo acomodado e voltar, está bem?

Benício deu para Tiago um copo de suco. Ele ia beber, mas o médico impediu.

– Ele não deve tomar nada, o primeiro exame deverá ser feito com o estômago vazio. Vamos logo, Tiago!

Alzira foi chamada e arrumou em minutos uma maleta com alguns objetos e roupas de Tiago. O motorista foi com o carro do senhor José Antônio, para trazê-lo de volta. Tiago e o pai foram no carro com o médico. Valter ficou observando. Ivany estava muito nervosa, e Alzira, aborrecida por não ter ido junto. Tiago já havia sido internado para tomar soro e era ela que ia com ele, embora a mãe, a senhora Magda, também fosse.

– Não acho certo! – exclamou Benício. – Internar meu irmão sem avisar minha mãe e não saber sua opinião, se ela quer ou não.

– Pegou o copo de suco e saiu da sala.

– Por que você está tão nervosa? – Valter ousou perguntar a Ivany.

Ela abriu a boca, e ele pensou que ia receber uma resposta rude, mas ela pensou e respondeu:

– Hoje é aniversário do nosso namoro. José Antônio e eu íamos jantar fora para comemorar. Tiago está doente há tanto tempo, não podia ser internado na segunda-feira?

Como todos saíram da sala, Valter foi para a varanda.

"Tenho de ficar por aqui e em alerta, atento a todos e a Ivany. Estou quase preferindo que seja o marido de Maísa o culpado. Se for o genro do senhor José Antônio o assassino, tem alguém aqui na casa dando algo tóxico a Tiago. Mas quem? Será Alzira? Ela fica muito com ele, achou ruim não ter ido desta vez com o garoto."

Viu Ivany sair da casa e ir em direção ao alojamento.

"Ela vai contar à irmã", concluiu.

E, disfarçadamente, foi para o alojamento. Ao chegar, Valter ouviu as duas conversarem baixinho no quarto e, por mais que tentasse escutar, não entendeu nada. Quando percebeu que Ivany ia sair, entrou rápido no seu apartamento.

"O que será que essas duas planejam? Vou esperar um pouco, ir a casa, e lá vigiá-las. Quero também observar Alzira."

12

Ordem de prisão

VALTER, AO SAIR, NÃO VIU MAIS Ivany, foi para a casa, estava inquieto, não sabia o que fazer, sentia que tinha de fazer algo e não sabia o que era. Seus amigos policiais, quando ele estava na polícia, diziam que, ao investigar um caso, e se sentir assim, agitado, era porque os criminosos estavam agindo. Ao ouvir barulho na sala, onde momentos antes discutiram, Valter entrou e viu Benício.

– O que está você está fazendo aqui? – indagou Valter.

– Você ainda por aqui? – perguntou Benício.

Como os dois falaram juntos, um olhou para o outro, e Benício respondeu:

– Estou preocupado com o meu irmão. Não acho certo ele ser internado sem minha mãe saber. Se aqui o telefone funcionasse, ligaria na hora para ela. Com certeza, logo irão aperfeiçoar esse aparelho para falarmos com facilidade a qualquer hora e local, não acha?

Valter achou que Benício mudara de assunto rápido demais. Shelton dizia que essa era uma qualidade dele. Olhou-o, realmente não gostava dele, não sabia explicar o porquê. A antipatia era forte. Resolveu voltar o assunto e responder à primeira pergunta.

– Estou aqui porque não sei o que fazer. Queria ajudar!

– Em um momento complicado desse, ajudaria se fosse embora – opinou Benício.

– Nunca gostou de mim, não é, Benício? Não vou embora, a não ser que o senhor José Antônio, que me convidou, me peça. Vou ficar!

– Tudo bem, mas lembro-o que eu moro aqui. Vou aonde quero nesta casa. Estou na sala procurando a chave do meu carro, que não sei onde deixei. Vou avisar minha mãe. Pode me dar licença? Vou procurar a chave.

– Ajudo você! – ofereceu Valter.

– Obrigado, não quero nem preciso se sua ajuda. Pode sair!

– Vou ficar aqui, se não quer que eu o ajude, vou observá-lo a procurar.

Benício ia responder, mas não o fez. Procurou, resmungou e, como não achou, saiu da sala. Valter também saiu, foi para a varanda. Todas as salas tinham saídas para a área externa que contornava a casa. Sentou-se em um banco e, minutos depois, escutou barulho na sala, depois viu Benício sair de carro.

As garotas chegaram para o almoço. Valter almoçou sozinho, porque Nelisa e Ivany não apareceram para a refeição. Sentia-se cada vez mais inquieto.

"Calma", pensou ele, "Tiago está seguro. Embora as assassinas estejam soltas, elas não sairão matando. Têm um objetivo, eliminar herdeiros. Acho que vou sondar Cássia, ela é amiga de Paula, ela poderá me falar se Paula está interessada em mim, como eu estou nela."

Esperou as garotas saírem da sala de refeição e fez um sinal para Cássia, que disfarçou, ficou para trás, olhando umas flores. Valter aproximou-se. O que ele não sabia era que Benício voltara da cidade e ia entrar na casa, quando viu Valter saindo. Seguiu-o, se escondendo. E ficou observando-o atrás de uma árvore.

"Então não é Nelisa a namorada de Valter, é essa garota! Interessante, deixa-me contar para o senhor José Antônio que o amiguinho do filho dele está seduzindo as garotinhas da escola. Vou me aproximar mais e tentar ouvir o que dizem."

Valter aproximou-se de Cássia:

— Oi, Cássia!

— Oi. Quer falar comigo? Fale logo, as meninas me esperam para jogar. Se me atraso, elas vêm atrás de mim.

— Cássia, Paula fala a meu respeito? O que ela acha de mim?

— O que você quer saber? — perguntou Cássia.

— Eu... não sei... — Valter se encabulou.

Ele sempre era objetivo. Pela primeira vez, estava confuso, e achou que não fora uma boa ideia conversar com Cássia sobre isso. Mas a mocinha sorriu e o ajudou:

— Você está querendo saber se Paula está interessada em você?

— Sim, é isso. Ela está? — perguntou Valter, ansioso.

— Acho que sim, ela acha-o bonito, interessante, você a auxiliou.

— Cássia, você me ajuda? Quero saber de tudo.

— Ajudo-o, pode contar comigo. Tudo o que souber, falarei para você.

Despediram-se. Benício ouviu somente as últimas frases, sobre ajuda, e intrigou-se:

"O que será que essa menina está fazendo que pode auxiliar Valter? Ele pediu ajuda e ela afirmou que o fará. O que será?"

Valter, inquieto, resolveu visitar os traficantes para ver se eles tinham alguma novidade para ele. Foi à cidade, esperou seu informante em um bar. Assim que entrou no bairro, avisou para que viera, e ninguém o incomodou. Ele sabia que era muito perigoso estar ali, poderiam matá-lo, desmanchar seu carro, e ninguém saberia o que aconteceu com ele.

O moço pediu para Valter acompanhá-lo e, alguns metros depois, encontrou com o sujeito com quem conversara da outra vez.

– Você não parece muito interessado, não veio ontem, para saber. Não tenho a informação toda, mas quero o dinheiro combinado. E acho que o resto da informação vale bem mais.

– Hoje é sábado, consegui tirar ontem do banco somente este dinheiro, é um pouco mais da metade do que combinamos. Aqui está.

O traficante contou o dinheiro.

– Na quarta-feira, me trará o resto, e com certeza terei a informação completa, mas para lhe dizer, terá de me dar mais.

Valter concordou, e o moço falou:

– Ninguém da Água Funda, moradores ou empregados, comprou drogas.

Valter suspirou, mas o traficante, após rir, completou:

– Nosso serviço, ô meu, é de primeira. Ninguém compra aqui na cidade, nem nas vizinhas, drogas que costumamos vender: cocaína, heroína, maconha etc. Em Campo Alto, porém, existe um farmacêutico que vende drogas diferentes, exóticas. Acho que é isso que procura, não é? Algo que, dado em doses pequenas, deixa a pessoa doente. Os médicos não conseguem diagnosticar e, se continuar a tomá-las, acabam morrendo.

Valter empalideceu. Shelton estava certo, Tiago ia ser morto, assassinado.

– Está vendo como trabalho direito? Pagou, levou! – exclamou rindo o informante.

– Quem as compra desse pseudofarmacéutico? – perguntou Valter, exaltado.

– Ninguém aparentemente da Água Funda – respondeu o informante. – Tive de comprar a informação desse suposto farmacêutico. Ele está vendendo o remédio para uma pessoa que encomenda por telefone e, por duas vezes, um rapazinho foi buscar e, em outra, uma senhora. Acho que as pessoas que pegam a droga não sabem o que é, mas com certeza sabem quem manda.

– Obrigado. Esta informação me é muito importante. Vale realmente o que paguei. Se quiser, fique com o meu carro, senão trago o restante do dinheiro na quarta-feira.

– Não quero seu carro, gosto de receber em dinheiro. Isso que te contei é o que sabemos no momento. Se pagar, descubro quem são o rapaz e a senhora que pega a droga, e o resto é com você. Venha na quarta-feira, antes não é possível.

– Você sabe que droga é essa? – perguntou Valter.

– Mais ou menos. O farmacêutico deixou escapar duas misturas, escrevi-as neste papel. Estou fazendo isto para você a pedido de um amigo que você ajudou na prisão. Porém, aviso – ameaçou o informante –, não nos denuncie, nem o farmacêutico, ele já está avisado que pode ser investigado e deve ter sumido com as provas, e denunciar-nos pode ser perigoso a você.

– Estou envolvido em outro assunto, afirmou Valter. – Não me interesso pelas atividades desse senhor nem pelas atividades de vocês.

– Assim é melhor! Agora vá!

O moço, sem se despedir, sumiu com rapidez da vista de Valter, que saiu do bairro, foi para o centro da cidade, entrou em um bar e tomou um café forte. Achou que estava sendo seguido.

"Será impressão? Não vejo ninguém suspeito, mas estou com a sensação de que alguém me observa. Alguém a mando do informante? Ou a mando das assassinas?"

Foi para seu apartamento, vestiu um macacão de encanador, uma roupa que usou em um baile à fantasia, e saiu pela porta lateral. Foi à telefônica.

"Em uma coisa devo concordar com Benício", pensou ele, "os telefones deveriam funcionar melhor e ser mais acessíveis!"

Eram poucos locais que tinham aparelhos telefônicos, e, para falar fora da cidade, tinha de contar com o auxílio da telefonista. Ligou para seu padrinho. Ainda bem que não esperou muito e conseguiu falar com ele.

– Diga ao doutor André, o médico que cuida do Tiago, que a droga que ele tomava tem estes dois componentes...

– Vou falar já – respondeu o delegado –, meu afilhado, aguarde surpresas. Meu pessoal, cumprindo ordens do juiz, chegará logo a Água Funda.

Valter voltou rápido para seu apartamento, trocou-se e saiu, entrou no carro sem se importar se estava ou não sendo seguido e retornou à fazenda.

Ao chegar, viu o carro do senhor José Antônio no estacionamento.

"Ele voltou, espero que tenha deixado Tiago lá", pensou.

Entrou na casa e não viu ninguém nas salas. Foi à cozinha e encontrou Alzira.

– Você sabe de Tiago?

– Coitado do menino, ficou lá na clínica, sozinho, e com certeza não irá alimentar-se. Fazendo tudo o que ele gosta, tem comido tão pouco.

Valter observou-a, a empregada lhe parecia sincera, mas por que se preocupava com a alimentação dele? Era ela que cuidava dos alimentos de Tiago.

"Será que tenho de suspeitar mais de Alzira?"

– Onde estão as pessoas da casa? – resolveu perguntar.

– O senhor José Antônio voltou muito mal-humorado e trancou-se em seu quarto.

– E Ivany?

– Está no quarto dela – informou Alzira, mal-humorada também. – Você quer comer algo?

– Quero, posso fazer um sanduíche?

Foi comer enquanto esperava a polícia chegar.

Cássia, quando voltou ao alojamento, as meninas estavam esperando-a, Luciana avisou:

– Vamos falar baixinho, dona Nelisa está com dor de cabeça. Tomou um comprimido e foi descansar, ela nem almoçou.

Cássia olhou para Paula. As duas sabiam o porquê de ela estar com dor de cabeça. Acharam que era pelo fato de Tiago ser internado e pelos seus planos não estarem dando tão certo.

As meninas ficaram com pena da diretora. Paula até pensou em avisá-la do perigo que corria, mas receou. Ficou em conflito, deveria ajudar quem a auxiliou? Mas e se contasse e a diretora matasse mais alguém? Resolveu ficar calada. Jogaram um pouco, depois resolveram ir para seus aposentos. Era o que Cássia queria. Ao ficar as sós com a amiga, contou tudo o que Valter lhe disse.

– Ai! Até que enfim uma boa surpresa! – exclamou Paula. – Acho que estou enamorada e fiquei com medo de ele não ter gostado de mim.

– Apaixonada?! Você conhece-o há tão pouco tempo!

– Para amar, basta ver uma vez! – exclamou Paula.

– É melhor ter cuidado ao afirmar esse amor, você nem conhece outro rapaz – opinou Cássia.

– Como não? Falamos com muitos na cidade.

– Não é a mesma coisa! – suspirou Cássia.

– Se eu estou interessada nele, e ele em mim, tudo dará certo.

– Você não terá alguma explicação para um amor assim, à primeira vista, no seu precioso livro? – perguntou Cássia.

– Espíritas não são leitores de sorte, nem adivinhos, nem respondem a tudo, principalmente assuntos corriqueiros. Mas... uma explicação está vindo à minha mente. Como vivemos várias vezes, nossos espíritos vestem muitos corpos físicos, é possível que Valter e eu estejamos nos reencontrando. Acho que pode haver encontro de almas.

– Amor do passado! Que romântico! – suspirou Cássia.

– Mas deixemos o romantismo para depois. Quando eu vir Valter de novo, falo que você também está interessada. Estou preocupada! O que será que irá acontecer com dona Nelisa?

– Pensei até em avisá-la – respondeu Paula. – Mas o que lhe direi? Se dona Nelisa for inocente, ela não deverá temer nada. Mas se for culpada... Não podemos esquecer que a outra senhora, a que ia ser diretora, está em uma clínica como doente sem estar, e que pode ser que ela e a irmã estejam querendo assassinar Tiago como fizeram com Shelton.

– Falando em Shelton, você o tem visto? – quis saber Cássia.

– Não. Acho que, fazendo o que ele quer, terá sossego e irá para o plano espiritual.

– Coitado dele, tão moço, rico, bonito e assassinado. É por isso que não devemos falar nada a ninguém, ficarmos quietas e esperarmos. Paula, procure no livro se tem algo que possa nos aconselhar. Veja no sumário – pediu Cássia.

E as duas ficaram lendo trechos do livro.

– Paula! – exclamou Cássia. – Veja que interessante este trecho do Capítulo 4, "Sistemas", a questão final do item 38[6]: "Devemos concluir disso que nunca houve abusos? Seria necessário admitir que os homens são perfeitos. Abusa-se de tudo... Por que não se abusaria do Espiritismo?" É isso que você tem tentado me fazer entender: Espiritismo é algo muito sério!

– Cássia, vou ler para você esse texto que grifei. Acho que não repeli Shelton porque... escuta: "A alma exerce sobre o espírito comunicante uma espécie de atração ou de repulsão, segundo o grau de semelhança ou dessemelhança entre eles. Ora, os bons têm afinidades com os bons e os maus, com os maus, de onde se segue que as qualidades morais do médium têm influência capital sobre a natureza dos espíritos que se comunicam por seu intermédio". Entendi, amiga, que tenho de ser uma pessoa boa para ter um bom espírito para me ajudar. E trabalhar com a mediunidade com conhecimento é mais seguro.

As duas ficaram distraídas lendo e comentando o livro.

Shelton estava inquieto, leu trechos de *O Evangelho Segundo o Espiritismo*, mas não conseguia se concentrar. Viu Valter entrar e sair, as garotas irem à cidade, o médico chegar, a discussão. Sentiu-se um pouco aliviado ao ver Tiago ir com o médico, ser internado. Conhecia bem Valter e sabia que o amigo estava agitado demais e que esperava algum acontecimento. Tentou orar, mas não conseguiu. Acompanhou os movimentos da casa, viu Valter conversar com Cássia e chorou:

"Meu amigo está gostando de Paula. Mas isso é hora de falar de sentimentos? Há problemas graves, e ele pensando em namoro!"

Benício aparentava estar tranquilo, mas não saber o que estava acontecendo o deixou preocupado. Escreveu um bilhete

---

6. Op. cit., p. 40. (N.E.)

a Elizângela, dizendo que não iriam mais a festa e que no dia seguinte conversaria com ela. Pediu para uma empregada entregar.

"Não devo sair", pensou ele, "não com meu irmão doente e internado, depois..., acho melhor não ir. Valter está muito estranho, é melhor observá-lo de perto."

Quatro policiais chegaram a Água Funda e pediram para falar com o senhor José Antônio. Valter, ao vê-los, foi cumprimentá-los e ficou com eles. O proprietário da casa veio recebê-los. Benício aproximou-se com aquele sorriso cínico que Shelton e Valter detestavam.

— Boa tarde, senhor José Antônio, queremos falar com o senhor — cumprimentou um dos policiais.

— Aconteceu alguma coisa com meu irmão? — perguntou Benício.

— Por que você está perguntando isso? — indagou o senhor José Antônio, olhando para Benício.

— Não sabemos de seu irmão — respondeu o policial —, o assunto é outro. Podemos entrar?

O senhor José Antônio fez sinal para que os policiais entrassem. Valter e Benício também entraram.

— Senhor — informou um soldado —, tenho aqui uma ordem de prisão para duas pessoas que se hospedam em sua propriedade.

— O quê?! Por quê? — perguntou o senhor José Antônio, assustado.

— Senhor, não tenho como responder isso. A ordem é para levarmos as senhoras Nelisa e Ivany.

— O quê? Deve ser engano. Que absurdo! Valter, verifique para mim essa ordem.

Valter pegou o papel, leu e confirmou.

— O juiz de Campo Alto é que assinou a ordem de prisão.

– Não irão prendê-las! – exaltou-se o senhor José Antônio. – Não mesmo! Vocês não sabem mesmo o porquê?

– Senhor, se não fizermos o que foi nos ordenado, seremos nós que receberemos castigo.

– Você não sabe mesmo o que está acontecendo? O porquê dessas prisões? – perguntou Benício, educadamente.

– Acho que é por envenenar, drogar pessoas, não sei ao certo – respondeu um dos soldados.

– Senhor José Antônio – opinou Benício –, não é melhor mandar nosso motorista à cidade buscar nosso advogado?

– Faça isso, e rápido! – concordou o proprietário.

Benício saiu gritando o nome do motorista, e o senhor José Antônio pediu para Alzira chamar Ivany e Nelisa. Benício voltou em seguida e informou:

– Ele já foi buscar o advogado!

– Os senhores não se incomodam de esperar um pouquinho, não é? – pediu o proprietário da Água Funda, tentando ser educado e escondendo o nervosismo. – Sentem-se, por favor. Já mandei avisar as senhoras e buscar meu advogado. Deve ser um equívoco!

O policial falou pelo rádio, e Valter escutou seu padrinho dando permissão para esperarem.

Paula e Cássia liam o livro quando escutaram Alzira chamar Nelisa e pedir que fosse à casa, que o senhor José Antônio queria lhe falar com urgência, e ouviram as duas saírem.

– O que será que aconteceu? – perguntou Cássia.

– Não sei, será que vieram prendê-las?! – exclamou Paula.

As duas ficaram apreensivas.

Ivany entrou na sala disfarçando o nervosismo que sentia. Estava apavorada, e seu noivo, ao vê-la, observou-a com atenção por instantes. Depois, falou da ordem de prisão.

– Sou inocente! Não entendo! Que absurdo! – exclamou, trêmula.

Nelisa entrou na sala, olhou para a irmã e ordenou:

– Fique quieta, Ivany, não fale. Esse mal-entendido se esclarecerá.

O senhor José Antônio explicou que já tinha mandado buscar o advogado e que ele logo viria. Alzira também estava nervosa. Valter percebeu que ela tremia ao servir o cafezinho. Depois que tomou o café, Valter foi para a varanda, e Benício ficou observando-o.

Cássia e Paula, querendo saber o que acontecia, aproximaram-se da casa.

– Tudo quieto! – observou Cássia. Dona Nelisa deve ter sido chamada por um assunto banal. Veja, Valter está na varanda, vou chamá-lo para falar com ele.

– Aproxime-se você, esperarei no alojamento, não quero que ele me veja – falou Paula.

Cássia deu uns passos rumo à varanda, mas não se aproximou muito, fez sinal para Valter de que queria falar com ele. Este sorriu ao vê-la, porém, como não queria afastar-se dali, respondeu também com acenos de que depois conversariam.

O advogado chegou, e todos se reuniram novamente na sala. Ele leu a ordem.

– Está tudo legal, senhor José Antônio, o juiz mandou prender as duas.

– Isso é impossível! – exclamou o proprietário da casa. – Você tem de fazer algo. Por que estão prendendo-as?

– Acho que é por envenenamento.

– Absurdo! – exclamou Nelisa. – Quem envenenamos?

– Por favor, senhor policial – pediu o advogado –, poderia me emprestar seu rádio? Posso falar com seu superior?

Os policiais se olharam e um deles ligou o rádio e falou com o delegado, que atendeu o advogado e explicou o motivo das prisões. O padrinho de Valter disse, e todos na sala escutaram:

— As senhoras estão sendo detidas por tentarem envenenar Tiago. Ao ser examinado no hospital, constatou-se que ele tomava uma droga fatal.

Na sala só se ouviu um "oh!". O delegado, não querendo dar mais explicações, desligou o rádio. Ivany tremia, olhou para o noivo e suplicou:

— Isso não é verdade!

O senhor José Antônio esbofeteou-a. Um tapa tão forte que ela caiu no chão. Valter interferiu:

— Não faça isso, senhor, deixe a investigação continuar.

Um dos policiais ordenou:

— Senhoras, por favor, peguem seus documentos, algumas roupas e nos acompanhem.

— Você, Valter, tem algo a ver com o que está acontecendo? — perguntou Benício, baixinho.

— Não — respondeu Valter.

— Não mesmo? Sempre metido a resolver ou a inventar crimes. Investigador de periferia!

Valter olhou-o e sorriu cinicamente, imitando-o.

Depois do tumulto na sala, todos saíram. Ficaram somente Valter e o senhor José Antônio. Os quatro policiais foram até um dos carros e voltaram, sentaram-se e esperaram.

A surpresa

PAULA SEPAROU-SE DE CÁSSIA E voltou para a varanda onde as outras quatro meninas estavam. Aguardou, curiosa, a amiga voltar. Mas Cássia resolveu esperar por Valter, sentou-se em um banco no jardim, e ficou distraída, olhando os passarinhos e borboletas.

Shelton, que observava a todos, ficou na sala e resmungou:

— *Como gostaria de ser visto e de opinar.*

Viu-os saírem da sala e ficou atento a uma pessoa. De repente, ao ver algo, correu até Paula, ficou à sua frente e implorou:

— *Paula, por Deus, corre! Cássia está sentada em um banco no jardim. Corre para lá! Grita por ela. Corre!*

A sensitiva ficou por instantes sem saber se atendia ou não, mas Shelton estava tão aflito que ela resolveu atendê-lo. As outras garotas, preocupadas, conversavam baixinho. Então, ela disfarçou, afastou-se andando, e depois correu, acompanhando Shelton, que ia à sua frente.

— *Agora, grita!* — pediu Shelton. — *Vamos! Diga que vocês estão chegando!*

— Cássia! — gritou Paula. — Cássia, nós estamos chegando! Nós estamos procurando-a! Cássia!

Paula encontrou a amiga sufocada, olhos muitos abertos, com as mãos no pescoço.

— Cássia! — chamou Paula, baixinho. — O que aconteceu?

— *Cuide dela* — pediu Shelton — *tenho de ir, voltem para o alojamento e fiquem juntas.*

— Estava distraída aqui esperando por Valter — explicou Cássia —, de repente, senti mãos apertando meu pescoço, lutei e não sei o que teria acontecido comigo se você não chegasse gritando. O que a fez gritar assim?

— Shelton! — respondeu a garota sensitiva. — Voltei para o alojamento, estava com as meninas, quando vi Shelton apavorado, e pediu para fazer isso. Ele veio na frente, e ainda bem que eu o segui.

— É, ainda bem que o atendeu! — suspirou Cássia. — Senti muito medo, achei que ia ser morta, assassinada.

— Seu pescoço está vermelho, tem sinal de mãos. Você viu quem fez isso?

— Não vi. A pessoa estava com blusa preta na cabeça. Acho que era blusa, não parecia ser capuz. Eu arranhei seus braços. Enfiei as unhas com força na carne dos braços que me apertavam. Será que queria me matar? Mas por quê? Será que o assassino quer matar qualquer um?

— Você esperava por Valter? — quis a amiga saber.

— Sim e não. Fiz sinal que queria lhe falar, ele me respondeu por sinais também que aguardasse, que não podia sair dali, e acho, se entendi, que depois viria falar comigo. Sentei aqui, mas não sei se ele me viu. Por que pergunta, desconfia dele?

— Acho que não, você tem razão ao aconselhar em ter cautela, não o conheço direito. Shelton o conhece, e ele não pediria para o amigo investigar se não confiasse nele. Cássia, vamos ao alojamento, e rápido, Shelton recomendou que não ficássemos sozinhas. Vamos entrar no quarto pela janela e você troca de blusa. Coloque uma que esconda esse vermelhão. Vamos, rápido!

Ligeiras, mas com cuidado, pularam a janela, e Cássia vestiu uma blusa de gola alta. Trancaram a janela e reuniram-se às outras garotas. Nem deu tempo de Fabiana perguntar onde estavam, pois não tinha visto entrarem no quarto, quando Nelisa saiu de seu apartamento com uma pequena valise.

– Que bom vê-las juntas! – exclamou a diretora. – Prestem atenção! Peçam ao senhor Joanito, o jardineiro, ali está ele, naquele canto, para ir chamar a Neuza. Peçam para dizer a ela que venha para cá de imediato para ficar com vocês. Preciso ir, aconteceu um mal-entendido. Necessito ausentar-me, acho que será por algumas horas, volto amanhã, com certeza. Para não ficarem sozinhas, Neuza deve permanecer com vocês.

– Aonde a senhora vai? – quis Fabiana saber.

– Precisa de alguma coisa? Podemos ajudá-la? – indagou Eleonora.

– A senhora se complicou por minha causa? Meu pai? – perguntou Júlia, aflita.

– Não se preocupem, meninas – respondeu Nelisa, tentando aparentar calma. – Júlia, não foi seu pai. É um assunto interno da escola. Já disse que tudo está bem, é um equívoco que será esclarecido. Não façam nada de errado. Logo voltaremos para a escola.

As garotas aproximaram-se para abraçá-la.

– Amo-a! – exclamou Eleonora, emocionada.

– Eu também gosto muito da senhora e vou orar para que dê tudo certo! – exclamou Luciana.

– É a melhor diretora que tivemos! – manifestou Fabiana, com sinceridade.

– Devo ir, acho que já me atrasei, ajudei minha irmã antes de vir para cá. Tchau, garotas – despediu-se Nelisa.

A diretora recebeu os abraços, disse também que as amava. E, andando compassadamente, foi para a casa. As meninas ficaram tão aflitas e preocupadas que nem notaram que Cássia e Paula permaneceram quietas, somente observando.

Nelisa de fato se atrasou.

O senhor José Antônio permaneceu na sala, estava inquieto, parecia viver um pesadelo. Os policiais aguardavam sentados, e o advogado, depois de ter andado para lá e para cá, sentou-se também. Valter ficou quieto e pensou:

"Algo não está se encaixando! Sinto que essa história ainda não chegou ao final. Não sei o que é, mas não está certo. Preciso ficar em alerta total."

Shelton também estava atento, não sabia o que fazer, mas, ao contrário do amigo, achava que tudo estava sob controle.

"Orgulho-me desse meu amigo! Valter é genial! Você saberá montar esse quebra-cabeça, encaixará todas as peças."

Benício entrou na sala e perguntou ao padrasto:

– O senhor quer que eu faça alguma coisa? Precisa de algo?

– Não sei, acho que não. Fique aqui, caso eu precise.

Ivany entrou na sala, jogou a valise na cadeira e falou exaltada:

– É um absurdo, ouviu José Antônio? Nunca fui tratada assim. Que noivo é você? Como pode deixar me prenderem?

– Tiago está doente! – gritou o proprietário da casa. – O doutor André deve ter desconfiado de alguma coisa para querer tanto interná-lo. Meu filho estava tomando uma droga que o deixava enfermo.

– Não tenho nada a ver com isso! Nada mesmo! – Ivany gritou também.

– Deve ter! – exclamou exaltado o senhor José Antônio. – Para a polícia prendê-las com mandato do juiz é porque devem ter provas que foi você. Mulher desprezível! Assassina!

Irado, o senhor José Antônio xingou-a, Ivany tremia de raiva, respondeu gritando:

– Desprezível é você! Não sou assassina! Não tentei matar ninguém! Posso ser oportunista, mas não criminosa. Você que é um tolo! Velho idiota! Pensa que queria ficar com você pelas suas rugas?

– Você queria o meu dinheiro! – respondeu o senhor José Antônio, tremendo de indignação.

– Não só o dinheiro, mas o que ele compra!

– Por isso foi eliminando meus herdeiros? – perguntou o senhor José Antônio, se contendo para não esbofeteá-la.

– Não! Não! Queria, quero o seu dinheiro! Mas...

– Pare Ivany! Fique quieta! – ordenou Nelisa, entrando na sala.

Ivany calou-se e correu para a irmã, que a abraçou.

– Não fale mais nada, resolveremos isso logo – afirmou Nelisa, baixinho. Virou-se para os policiais e disse: – Podemos ir!

– Vou acompanhá-las – decidiu o advogado.

Saíram todos para a varanda.

– Acho que você – disse o senhor José Antônio para o advogado –, terá de mudar de lado. Chamei-o para verificar o que acontecia e defendê-las, agora vou precisar que as acuse. Se vocês tentaram envenenar meu Tiago, mofarão na cadeia. Farei de tudo para que não saiam mais!

Ivany ia retrucar, mas Nelisa foi quem respondeu:

– Não fizemos isso, senhor José Antônio. Sua noiva é inocente!

– Ex-noiva!

O senhor José Antônio entrou, Nelisa foi em um dos carros dos policiais; Ivany, no outro; e o advogado, no dele. Partiram.

No alojamento, Paula foi se afastando devagar, saiu sem que as colegas percebessem e foi para a casa. Queria saber o que estava acontecendo. Viu os policiais, e seu coração bateu forte.

"Vieram prender dona Nelisa!", pensou.

Entrou na casa pela sala onde elas faziam as refeições, ficou em um local onde via o que acontecia na sala onde eles estavam e não seria vista. Escutou horrorizada o que falaram, e viu as duas, Nelisa e Ivany, serem acomodadas no carro. Prestou atenção em um detalhe, as duas estavam com roupas sem mangas, e os braços não estavam feridos.

"Será que Cássia não as machucou? Por que será que alguém quis feri-la? Acharam que é ela quem está ajudando Valter? Sabem que foi ele que descobriu tudo?"

Na sala ficaram Alzira, Benício, o senhor José Antônio e Valter. O proprietário da casa estava nervoso e xingou-as.

— Malditas! Como pude me enganar assim com essa moça? Quase caso com ela! Tentar matar meu filho!

Paula achou que eles pediriam para o proprietário da casa ter calma, mas ninguém falou nada, porque um empregado entrou na sala e anunciou:

— Senhor José Antônio, o Marquinho, o garoto que trabalha para o senhor na cidade, veio lhe dar um recado. Posso mandá-lo entrar?

Paula pensou que o senhor José Antônio ia negar, achou que nada mais o interessaria, mas ele afirmou com a cabeça, e o garoto entrou deu um bilhete para ele, que abriu, leu e depois, se virando para Benício, informou:

— É do doutor Raimundo, médico do hospital, está nos comunicando que Magda, sua mãe, teve uma intoxicação forte e está internada. Mais esta! Os problemas se acumulam! – Virou-se para o garoto e perguntou: – Você sabe de mais alguma coisa?

– Bem...

– Fale! – pediu o senhor José Antônio.

– Disseram que dona Magda sentiu-se mal. Estava chegando de Campo Alto, onde fora ver Tiago. Ao abrir a porta do apartamento, vomitou e pediu ao vizinho para levá-la ao hospital, onde ficou internada. A enfermeira que me deu o bilhete recomendou-me para trazê-lo logo, e que dona Magda deve ter comido alguma coisa estragada ou algo assim. Vim o mais rápido que pude, na minha bicicleta.

– Está bem, pode ir – ordenou o proprietário da casa.

O garoto ficou indeciso, e Valter lhe deu uma gorjeta e agradeceu.

– Não é estranho dona Magda estar intoxicada? – perguntou Valter.

– Acho que vou ver minha mãe! – exclamou Benício.

– Não vai, não! – determinou Valter.

O senhor José Antônio, estranhando o comportamento de Valter, perguntou:

– O que quis dizer com isso?

– Boa pergunta! – falou Benício. – E o que você faz aqui? Intrometendo-se em assuntos de família. Desconfie que está sendo demais e saia não somente da casa, mas da propriedade.

– Senhor José Antônio – explicou Valter –, o assunto é familiar, porém tenho, sim, a ver com esses fatos, já que fui eu que investiguei. Vou esclarecer: resolvi investigar sua noiva e a irmã, descobri que Nelisa, para ser diretora, deu remédios indevidos para uma colega que ocuparia o cargo. A polícia foi chamada para averiguar, e o caso foi provado. O doutor André, ao saber, achou que Tiago também poderia estar tomando algo sem saber, alguma droga, e resolveu afastá-lo daqui e proibiu-o de se alimentar de qualquer coisa que viesse de fora. Senhor José Antônio, sinto quando alguém esconde algum delito, acho que Ivany estava sendo sincera, acredito que não foi ela que envenenou Tiago. E dona Magda ser intoxicada é muito estranho.

– Não há nada de estranho! – exclamou Benício. – A mãe é minha! Não se preocupe com ela.

– Não me preocupo com dona Magda, mas com o que está acontecendo – respondeu o ex-policial.

– Cale a boca! – ordenou Benício.

– Fale Valter – pediu o senhor José Antônio, sentando em uma poltrona.

– Quando Tiago foi para o hospital, Benício saiu daqui para informar a mãe, e agora ela está intoxicada. Será que você, Benício, não deu algo para ela levar para Tiago e, como não pôde deixar no hospital, dona Magda comeu ou bebeu?

– Intrometido! Você...

Paula entrou na sala, olharam-na surpresos e ela pediu baixinho:

– Os braços! Olhe os braços dele, Valter! Alguém tentou matar Cássia apertando seu pescoço, ela arranhou os braços. Mostre seus braços, Benício!

Benício estava vestido com uma blusa de malha preta, de mangas longas.

– Não mostro! – gritou ele. – Que absurdo! O que você, menina, tem a ver com isso? Que invasão é esta?

Valter aproximou-se dele com intenção de levantar as mangas da blusa para ver seus braços, mas Benício impediu e deu um soco em seu rosto. Os dois passaram a lutar. Valter estava levando a melhor, quando Benício pegou uma faca que estava encaixada em sua perna. Paula não hesitou, pegou um vaso e, com toda a sua força, golpeou Benício na cabeça. Ele tonteou, Valter o desarmou e imobilizou-o, colocou seus braços para trás, amarrando suas mãos com seu cinto.

– O vaso da dinastia chinesa! – exclamou Alzira.

"Quebrei um vaso precioso", pensou Paula, "estou encrencada. Será que terei de pagá-lo?"

– Desculpe-me – pediu –, foi sem querer, me apavorei, achei que Benício ia ferir Valter.

O senhor José Antônio arregalou os olhos, observava a cena sem saber o que fazer. Valter, ao acabar de amarrá-lo, levantou as mangas, e os braços dele estavam arranhados.

– Foi ele quem tentou matar Cássia! – exclamou Paula.

– O vaso! – falou Alzira, apontando para os cacos no chão.

– O que é isso? – perguntou o senhor José Antônio.

Valter olhou e viu um saquinho de plástico contendo um pó.

– É a droga que você dava ao Tiago? – perguntou Valter, olhando para Benício. – Responda! Bastardo! Fale: o que é isso?

– Valter, você está querendo dizer que era Benício que estava intoxicando Tiago? – perguntou Alzira.

– Intoxicando não, envenenando! – respondeu Valter.

– Bandido! Mau-caráter! Você merece apanhar! – gritou Alzira.

A empregada, que se considerava ainda babá de Tiago, avançou sobre Benício, que estava deitado no chão. Ela lhe deu socos, pontapés, pegou-o pelos cabelos e bateu sua cabeça contra o assoalho. Valter olhava a cena indiferente, achando merecido, queria ele socá-lo. O senhor José Antônio parecia ter levado um choque muito forte, a notícia o fez tontear, continuou sentado, olhando tudo com os olhos arregalados e a boca aberta. Paula não gostava de violência e acabou por gritar:

– Pare! Valter, acode!

Valter, aparentando tranquilidade, segurou Alzira e pediu:

– Calma! Ele pagará por tudo!

– Valter – rogou o senhor José Antônio –, por favor, explique! Você tem certeza do que está falando?

Valter foi até a cristaleira pegou um copo, verificou se estava limpo, pegou o saquinho com o pó, pela pontinha, e o colocou no copo.

– Se tiver digitais, saberemos quem o colocou aqui – explicou Valter e olhou para seu anfitrião e respondeu: – Senhor José Antônio, como já disse, investiguei e achei estranho Tiago estar doente, descobri o que Nelisa fez e denunciei-a. Achei que eram as duas que envenenavam seu filho, mas não estava satisfeito e resolvi continuar atento.

– Você me acusa sem provas. Não fiz isso! – Benício se defendeu.

– Fez sim! Você não tem como negar. Tenho provas. Muitas provas! – afirmou o ex-policial.

– Diga-as, então – Benício desafiou-o.

– Seus braços estão arranhados, você tentou matar Cássia – intrometeu-se Paula.

– Nem sei quem é Cássia. Foi o gato que me arranhou ontem.

– Essas arranhaduras são recentes, mas foi bom falar disso. Vou pedir que o exame de corpo de delito seja feito hoje e também que os fragmentos das unhas de Cássia sejam examinadas. E eu não vou falar a você das provas que tenho.

Valter pegou na mesinha um rádio e explicou:

– Pedi a um dos policiais para me deixar o rádio, vou falar com o delegado que está trabalhando no caso, ele é de Campo Alto.

E falou com seu padrinho, explicou rapidamente o ocorrido, e o delegado determinou:

— Mantenha-o amarrado, vou pedir para um dos carros que esteve aí na fazenda voltar.

— Pronto — explicou o ex-policial —, logo eles estarão aqui para prendê-lo.

— Você me odeia, não é Valter? Queria estar no meu lugar. Seu pobretão metido a investigador — expressou Benício.

Valter não respondeu. Shelton, que viu e ouviu tudo, sentia-se mais aliviado. Aproximou-se de Paula, que o viu. Ele lhe sorriu. De repente, Shelton teve uma ideia e pediu para a médium.

— *Por favor, nos ajude somente mais uma vez!*

Ela não sabia como responder, então Shelton disse:

— *Pode pensar em resposta, tentarei escutá-la.*

"Ajudo, mas se não for perigoso", pensou Paula.

— *Provoque-o!*

"Como"?

— *Repita a ele o que eu vou dizer*, pediu Shelton.

"Está bem."

— Benício — repetiu Paula o que Shelton lhe falava —, você é inteligente! Parece ser mais filho do senhor José Antonio do que os outros. A vida não foi justa com você não o fazendo filho dele.

— Paula! — pediu Valter. — Não fale, por favor.

A garota olhou para ele, mexeu os olhos, queria que ele entendesse que estava repetindo o que Shelton lhe dizia. Valter entendeu e resolveu provocá-lo também.

— Mas não é filho, é somente um enteado incompetente! Talvez eu tenha errado julgando que planejou esse engenhoso atentado. Você é incapaz de imaginar algo assim complicado.

— Ora — retrucou Paula —, pois eu acho capaz!

– Eu não! Benício não é inteligente! – exclamou Valter, sorrindo.

– Cale a boca! – gritou Benício exaltado. – Como sempre, julga-se superior. Nas brincadeiras, quando crianças, você e Shelton eram os bons, sempre me desprezaram. Você me julga incapaz? Pois sou capaz sim!

– Não é não! – falou Valter, rindo. – Você não faz nada direito.

– Pois eu acho que faz. – repetiu Paula. – Você, Valter, não vai conseguir provar nada contra ele e terá de lhe pedir desculpas.

– E o que é que ele fez? – perguntou o ex-policial. – E por que fez? Ele não fez nada porque é incompetente, um zero à esquerda.

– Fiz, sim, e muito mais! – exclamou Benício, irado. – Mas a menina tem razão, você não conseguirá provar, vou processá-lo, terá de me indenizar por danos morais.

Paula achou que não estava dando certo e até piorando, mas Shelton insistiu:

– *Por favor, Paula, continue!*

– Benício – Paula falou, repetindo o que o desencarnado dizia –, você sempre invejou Shelton e Tiago, não é? Eles não deveriam ser filhos do senhor José Antônio, mas sim você. Invejava-os!

– Isso você tem razão. Eles não mereciam. Shelton era um tolo, boa-vida, farrista, desprovido de inteligência, e Tiago, um garotão mimado, sem expressão.

– E por isso tentou matá-lo! – exclamou Valter.

– Não! – negou Benício.

– Já sabia que era incapaz e agora sei também que é medroso! – provocou o ex-policial.

– Não sou! – respondeu Benício, aparentando estar calmo.

– Queria matar Tiago ou apenas adoecê-lo? – perguntou Valter. – Diga! Nem homem você é para dizer a verdade. Sou muito melhor que você! Sempre fui! Shelton e eu éramos os melhores! Você é incapaz! Você não tem capacidade para fazer nada!

– Vou matá-lo, seu intrometido! – ameaçou Benício.

– Como tentou matar Tiago? – indagou Valter.

– Invejoso! A inveja lhe corrói! – acusou Paula, repetindo os dizeres de Shelton. – Sei de tudo! Fez isso por inveja!

– Foi, e daí? Não sou incapaz! Nunca fui! Vocês dois, Shelton, aquele metido, e você, Valter, sempre me desprezaram. Tinha inveja e queria provar que sou superior.

– E então resolveu eliminar Tiago. Em que o garoto o atrapalhava? – Valter interrogou-o.

– Pensa que eu sou idiota? Quer que eu fale? – perguntou Benício.

– Não só penso como tenho certeza – respondeu Valter. – Tanto, que estou achando que me enganei, deve ser Ivany que queria matar Tiago.

– Burro! – xingou a sensitiva.

– Sou muito inteligente. Planejei bem. Pessoa como Tiago não merece ser rico e filho do senhor José Antônio.

– Então tentou matá-lo? – indagou Valter.

Benício não falou mais, virou o rosto para a parede. Valter virou-se para as empregadas, porque, com os gritos, duas delas que estavam na cozinha, curiosas, entraram na sala e ficaram quietas em um canto.

– Vocês ouviram? Benício confessou que ia matar Tiago.

Elas não responderam, estavam sem entender se ele confessara ou não. O senhor José Antônio, que ouviu tudo calado, também não compreendeu se o enteado era ou não culpado. Com expressão cansada, perguntou:

– Por que, Benício? Gosto de você, veio para cá pequeno, teve tudo o que queria, dei-lhe estudos, morava conosco. Quero entender. Pelo que ouvi, você não gostava dos meus filhos.

Benício virou a cabeça, olhou-o e falou:

– Não sou seu filho nem era tratado como um.

Por momentos, fez-se um silêncio em que se escutava somente a respiração dos presentes.

14

A inveja

A SALA FICOU SILENCIOSA ATÉ QUE ouviram um dos carros da polícia retornar. Voltaram dois policiais. Valter os recebeu e informou:

— É esse o sujeito que devem levar.

— Está machucado. Quem o feriu? – perguntou um dos policiais.

— Lutamos e depois... esclarecerei na delegacia. Senhor José Antônio, vou junto para explicar o que ocorreu aqui – virou-se para Paula e pediu: – Volte para o alojamento e fiquem juntas, não se afastem por nada. Alzira, você não ficaria com elas?

— Fico sim, vou para lá com esta garota – afirmou a empregada.

Paula ficou na varanda, olhando-os. Seu amor foi na frente. Benício estava agora algemado, no banco de trás, com um policial. Valter lembrou da agressão que Cássia sofreu, e pediu a ela:

— Pegue um saco plástico limpo e peça a Cássia para raspar as unhas, tirar debaixo delas os vestígios de pele, colocar dentro e guardar. Voltarei logo que possível.

Partiram.

– Vou para o hospital – informou o senhor José Antônio, quero ver Magda e depois vou ficar com Tiago. Cuide de tudo, Alzira. Feche a casa e fique com as garotas. – Olhou para Paula e perguntou: – O que você estava fazendo aqui e o que tem a ver com tudo isso?

– A história é longa – respondeu a garota. – É melhor contar depois, é que ajudei Valter, e ele me ajudou.

O senhor José Antônio fez um gesto com a mão, concordando, ficaria mesmo para depois. Foi ao quarto trocar de roupa para sair. Alzira aproximou-se da garota sensitiva e pediu:

– Vamos, menina!

As duas foram para o alojamento. As cinco meninas estavam trancadas em um dos apartamentos. Depois de baterem e se identificarem, abriram a porta, e Fabiana censurou a colega.

– Paula, onde estava? Dona Nelisa não nos pediu para ficarmos juntas?

Alzira foi quem respondeu:

– Ela foi me chamar, ficarei com vocês. Não precisam ter medo.

– O que aconteceu? – As meninas quiseram saber.

Alzira achou que as garotas deveriam saber, mas não quis falar tudo. Esclareceu-as:

– Não sei direito, a diretora de vocês está sendo acusada de ter dado uma droga a uma colega de trabalho, que adoeceu. Fez isso para vir a ser diretora no lugar dela. Benício, o enteado do senhor José Antônio, está sendo acusado de envenenar o Tiago.

– Mas Benício não é irmão de Tiago por parte de mãe? – perguntou Luciana.

– É – respondeu Alzira. – Está tudo muito confuso. Espero que seja esclarecido logo. De quem é esse quarto?

– Da Luciana e meu, informou Eleonora. Estamos com medo e queremos ficar juntas.

– Não precisam temer – Alzira afirmou, sorrindo.

Paula puxou Cássia, e as duas saíram, foram para o apartamento delas.

– Cássia, Valter pediu para você limpar as unhas e guardar os resíduos de sujeira da pele do Benício para exame. Depois eu lhe conto tudo, era Benício quem estava com os braços arranhados.

– Lavei muitas vezes minhas mãos e já limpei as unhas. Estava com nojo. E agora?

– Vamos tentar. Ajudo você – falou Paula.

Fizeram. As duas rasparam as unhas e guardaram em um saquinho plástico. Escutaram barulho, era Neuza chegando. As duas se reuniram com as outras na varanda.

– Vim com meu marido – esclareceu Neuza. – Passaremos a noite aqui com vocês.

– Eu também ficarei – afirmou Alzira. – Vamos nos dividir, colocaremos colchões no chão. Eu dormirei com três e você, Neuza, com as outras três, e seu esposo dormirá no quarto ao lado. Vamos todos juntos comer alguma coisa. Nessa confusão, com certeza não terá jantar, faremos um lanche.

As outras duas empregadas, que escutaram e presenciaram a prisão de Benício, fecharam a casa e foram contar aos outros o que havia acontecido. Elizângela estremeceu:

– Tinha motivos para não gostar de Benício. Chantagista! Acabou! Espero que fique preso por muito tempo.

Alzira fez um lanche, Neuza puxou Paula para um canto e perguntou:

– Tudo bem com você? Sabe do que falo? Tudo bem?

Mas as garotas estavam atentas, e Paula respondeu:

– Comigo tudo bem. E assim foi, estávamos curtindo muito, aqui é muito agradável. Estava gostoso até que isso ocorreu. O que será que acontecerá conosco?

– Amanhã devemos ir à cidade e tentarmos nos comunicar com nossos familiares – opinou Fabiana.

– Vamos aguardar – pediu Neuza. – Eu que vou tentar me comunicar com os proprietários da escola. Quem sabe se tudo não passou de um mal-entendido e dona Nelisa volta logo?

– Acho difícil... – Cássia soltou, sem pensar.

– Por que, Cássia? Você sabe de mais alguma coisa, algo que não sabemos? – perguntou Fabiana, curiosa.

– Não! – Cássia tentou rápido esclarecer. – Não sei, só que acho que mal-entendidos não se resolvem assim. Será que iriam prendê-la somente por um mal-entendido?

– Nisso você tem razão – concordou Eleonora. – Dona Nelisa não foi chamada para esclarecer, foi presa. Um juiz não manda prender sem provas concretas. Estou preocupada!

– Estamos! – afirmaram as garotas.

Lancharam e voltaram ao alojamento. Shelton estava observando-as, ou olhando para Paula. Clarisse, sua mãe, aproximou-se.

– *Shelton, meu querido, agora podemos voltar para o abrigo, o Posto de Socorro Luz do Amanhã. Venha comigo!*

– *Mamãe, quero ver, saber o que acontecerá. Quero ficar!*

– *Confiamos na justiça e em Valter. Seu amigo saberá conduzir os fatos. Você está olhando muito para a garota médium.*

– *Ela e Valter estão querendo ficar juntos, talvez vão namorar. Mamãe, uma vez nós dois conversamos, falamos, Valter e eu, da possibilidade de amarmos a mesma mulher.*

Como Shelton fez uma pausa, Clarisse indagou:

– *E daí? O que concluíram?*

– Que ela escolheria – respondeu Shelton. – *Ela que teria de escolher, e lembro que Valter me disse: "com certeza, ela escolherá você, é mais bonito, sabe ser galante". E eu falei: "não mencione mais rico, porque se ela me escolher por isso, eu que não a quero. Mas se a nossa amada for inteligente, quiser proteção e tranquilidade, escolherá você".*

– Meu filho, você está enamorado da Paula? – perguntou Clarisse, preocupada.

– *Minha mãe, a senhora, quando encarnada, dizia que amamos com a alma. Sabemos que não se ama com o coração, esse órgão é uma figura romântica. Agora sei que realmente amamos com a alma. Sentimentos são do espírito, eles sobrevivem a mudanças de planos. Eu amo Paula! Por que isso acontece comigo?*

– Simplesmente porque você, meu filho, continua iludido. *Sabe que seu corpo físico, que usava para viver encarnado, parou suas funções, morreu e continua vivo em espírito, com outro corpo, o perispírito, e não aceita. Todos os sentimentos, bons ou não, são do espírito, sobrevivem conosco, são as bagagens que nos acompanham nessa mudança.*

– *Queria ter conhecido Paula, namorado, planejado e sonhado com o nosso casamento. Por que fui morrer? Desencarnar? Era jovem, não fiz nenhuma maldade, respeitava os sentimentos alheios como a senhora e papai ensinaram. Soube bem o que eram direitos e deveres e que tinha de amar o próximo. A senhora leu os livros de Kardec enquanto estava encarnada?*

– *Não, infelizmente os conheci no plano espiritual. Por quê?* – Clarisse quis saber.

– *Lendo o capítulo dezessete de* O Evangelho Segundo o Espiritismo, *recordei de seus ensinamentos. Acho, mamãe, que a senhora era espírita sem saber. Estou triste! Por que fui morrer? Tantos querendo a morte, alguns imprudentes até se suicidam, e eu queria viver e morri! Que tristeza! Sofro! Por que não estou encarnado? Por quê?*

Shelton chorou sentido, esperava que a mãe o consolasse, mas escutou:

— Ora, não tenha pena de você! Piedade é um bom e nobre sentimento, mas que necessita ser acompanhada com atitudes úteis. Somente ela não resolve problemas, mas, se juntar a ação benéfica, são realizadas obras maravilhosas, e isso vale para nós. Se você tem dó de si mesmo, junte a ação. Seja benevolente consigo. E todos nós temos, ao reencarnar, uma única certeza, iremos desencarnar e...

— Mas, mamãe, fui assassinado! Acabaram com minha vida! — interrompeu Shelton, indignado.

— Shelton, meu querido, ao matar um ser encarnado, destrói-se o veículo que ele manifestava, é como desligá-lo de uma vestimenta temporária, inutilizar seu corpo físico. Você, ao ser assassinado, deixou de se manifestar por esse corpo carnal. Mas não se destrói a vida, pois ela é indestrutível!

— Se eu tivesse sido mais religioso — lamentou Shelton —, *se tivesse procurado, teria achado bons livros como os que a senhora me deu, e tudo seria mais fácil. Mamãe, por que a maioria das religiões, ou a que seguia, não me preparou para a morte? O que é religião, para a senhora?*

Clarisse suspirou, olhou com muito amor para o filho e o esclareceu:

— Primeiro, ninguém pode fazer por nós o que nos cabe. Podem-se dar exemplos, explicar, falar de experiências próprias, mas somente nós nos preparamos para a mudança de planos. Religião deveria ser um elo entre nós, não importa a que escolhemos para seguir; todas deveriam nos unir para depois nos ligar ou religar ao nosso Criador. Porém, Shelton, temos o templo de Deus dentro de nós, e não necessitamos de manifestações exteriores. Mas se você quisesse, mesmo

encarnado encontraria explicações, de forma raciocinada, tanto para as reencarnações como para as desencarnações.

– Somente agora sei disso. Os livros de Allan Kardec e o Espiritismo têm me ensinado...

– Você – continuou Clarisse elucidando-o –, interessou-se agora, mas não precisa mudar de planos para entender. Esses conhecimentos são dos prudentes e estudiosos. Viver na espiritualidade é melhor, mas necessita-se ter merecimento. E você, meu filho, fez jus a receber esse auxílio, e não aceita!

– Fiz?

– Como não fez? Pense bem e cite uma maldade que fez encarnado – Clarisse esperou uns segundos e, como Shelton continuou quieto, continuou: *– Você cresceu aqui na fazenda e nunca matou um animal, não prendia passarinhos. Lembro que, em um Natal, José Antônio lhe perguntou o que queria ganhar e você respondeu: dez bolas de futebol. Ele não entendeu e indagou: "para que tantas bolas?" Você explicou: "para dar aos meus coleguinhas de classe, para os que não têm bolas". Seu pai lhe deu vinte bolas e você, alegre, doou-as. Mas se entristeceu quando viu que algumas meninas não ganharam nada.*

– A senhora estava desencarnada nesse Natal! – exclamou Shelton.

– Sim, estava desencarnada, mas sempre que me era possível vinha vê-los, sempre soube de vocês. Deus, meu filho, não nos deixa sem notícias. Fiquei muito contente na época, com seu gesto.

– Se eu estivesse encarnado, poderia fazer muito mais. Não quero estar desencarnado. Queria namorar Paula! Queria...

– Quer aceitar o fato consumado, por favor? – Clarisse foi firme. *– Você desencarnou e certamente teve motivos para deixar a matéria física jovem e sadio. Agora, o importante é que aceite. Não pode ficar aqui vagando, irá se perturbar, iludir-se cada vez mais e,*

como muitos, passar a crer que está encarnado. Depois, é perigoso, você pode ser apanhado por desencarnados rebeldes às Leis Divinas, ser levado ao umbral e fazerem de você um escravo. Entendo que tenha ficado entusiasmado por Paula, mas vocês vivem em planos diferentes. Pela continuação da vida de vocês, é impossível ficarem juntos. Venha comigo, filho, vá estudar. Na espiritualidade se pode ser muito útil.

— Sei que preciso aprender, faz melhor aquele que sabe. Mas não me conformo com minha desencarnação! A senhora sabe que eu não odiei, não quis me vingar. E essa maldade é fruto de inveja, sentimento terrível. Um orientador que tive no tempo em que permaneci no posto de socorro disse que, na opinião dele, a crueldade é o pior dos sentimentos, mas eu acho que é a inveja. Muitos acham a vingança a pior, mas quando se vinga reage-se a uma maldade sofrida. A inveja é gratuita, o alvo dela é quase sempre inocente.

— Todos os vícios — Clarisse esclareceu ao filho — que nos levam a sermos maus são terríveis a nós mesmos, para aqueles que nutrem esses sentimentos. A inveja, como é definida nos dicionários, significa: desgosto ou pesar do bem que é do outro; um desejo fortíssimo de possuir o bem alheio; mortificação causada pela alegria, êxito do próximo. Devemos realmente bani-la de nós. O invejoso não consegue ser feliz. Estou lembrando agora de minha mãe, que dizia que "inveja mata!"

— É verdade, me matou... — balbuciou o jovem desencarnado, tristemente.

— Mas minha mãezinha não se referia a essa possibilidade — elucidou Clarisse —, mas sim que o invejoso cria para si mesmo uma energia negativa tão forte que ela pode se acumular onde o organismo é mais debilitado e adoecê-lo. Pode-se prejudicar pessoas com pensamentos ruins, mas, não se tem dúvida, prejudica muito mais a quem os sente. Tranquilizei-me quando você decidiu não se vingar.

– *Preocupei-me com Tiago, ele ia com certeza desencarnar.*

– *Com tudo resolvido, venha comigo! – insistiu Clarisse.*

– *Irei depois de agradecer Paula, ela me ajudou. Como é bom a mediunidade nos ajudar!*

– *A mediunidade, quando empregada para o bem, faz obras maravilhosas. Acho certo você agradecer-lhe, mas poderá fazer isso em outra ocasião, quando a garota médium estiver mais preparada, porque acho que ela vai frequentar um centro espírita e aprender a lidar com sua mediunidade; então a visitaremos, e você lhe agradecerá.*

– *Não, acho que tenho de agradecer a ela e ao meu amigo e não quero esperar – determinou Shelton.*

– *Não estará dando desculpas para fazer o que quer ou para não fazer o que tem que ser feito? Desculpas que nem sempre são justificáveis.*

– *A senhora me conhece bem. De fato, estou dando desculpas, mas, por favor, deixe-me ficar um pouco mais. Quero saber o que acontecerá, se Tiago ficará bem, se conseguirão provar o crime de Benício. A senhora não viu, mas Alzira lhe deu uma surra.*

Clarisse sorriu e aconselhou:

– *Tome cuidado! Não saia da fazenda, e se vir algum desencarnado como aqueles que quiseram aprisioná-lo, refugie-se no oratório. Lembro-o que Valter e Paula não ficarão aqui, vieram passar uns dias e logo regressarão, e você não terá como impedi-los.*

– *Sei disso, a separação é inevitável – Shelton suspirou. – Mamãe, tenho recordado muito de como foi minha morte, é como tivesse sido há minutos atrás; mesmo não querendo, as lembranças vêm a mente. Por quê?*

– *Acho, meu filho, que você mesmo quer lembrar o que lhe aconteceu, que seu corpo morreu e que continua vivo. Por que não me conta? Talvez se sentirá melhor.*

Shelton concordou com a cabeça e falou compassadamente:

– *Papai e eu discutimos, nada sério. Começamos porque eu não queria que ele desmatasse uma área da propriedade para fazer pequenas chácaras. Depois, a discussão ficou mais séria por causa de Ivany, queria fazê-lo entender que ela não era boa pessoa.*

– *Acho que por isso José Antônio não fez nenhum dos itens da discussão* – comentou Clarisse. – *O projeto está pronto há meses e ele não se casou.*

– *A mata é nativa, é uma pena desmatá-la, as árvores sustentam uma fonte, e muitos animais habitam lá. Voltando às minhas recordações, aquela noite ia a uma festa na cidade e, após discutirmos, bebi um suco, troquei de roupa e senti um ligeiro mal-estar. Achei que era pela discussão, peguei o carro e saí. Senti uma tonteira estranha, o barulho fazia eco na minha cabeça, não estava enxergando direito, quis parar o carro e não consegui. Estava sem freio, a velocidade aumentou na descida, não consegui fazer a curva e caí na encosta. Uma parte do capô, que estava solta, caiu sobre mim e perdi os sentidos. O veículo pegou fogo. Tudo muito bem planejado!*

Shelton fez uma pausa para enxugar o rosto molhado de lágrimas, e depois comentou:

– *Nunca pensei que um morto, um desencarnado, chorasse.*

– *Filho!* – Clarisse expressou carinhosamente –, *a mudança de planos que fazemos com a desencarnação não é assim tão brusca, isto é para que não sintamos tanto. Enquanto não aprendemos a viver na espiritualidade, conviveremos com os reflexos do físico. A demonstração de sentimentos é do espírito: sorrimos, choramos, sentimos alegria, preocupamo-nos porque amamos.*

– *Mamãe, ele realmente planejou detalhadamente. O combustível foi jogado fora do tanque; havia peça solta, freio danificado. E nem havia motivos para Benício fazer isso. Não éramos amigos,* mas, também, pelo menos para mim, não tínhamos nenhum desafeto, convivíamos bem.

— Inveja! Ele queria ser você! José Antônio o tratava bem, mas não era filho dele. Sempre o odiou, queria ser você, e, como não podia, eliminou-o. Achou que ficaria em seu lugar, mas existia Tiago; então, resolveu também afastá-lo do seu caminho. Quis, antes, desmoralizá-los. Em seu corpo foi encontrado drogas, as que tomou sem saber, no suco, fizeram seu pai pensar que era um toxicômano. Queria que Tiago parecesse frágil, um garoto fraquinho, doente, que não servisse para nada. Benício não pensava em assassinar o irmão, queria-o somente enfermo, mas quando viu que podia ser descoberto, quis incriminar Ivany, e colocou na maçã uma quantidade razoável da droga para deixá-lo pior no hospital, mas foi Magda que comeu a fruta.

— Que maldade! Queria que a maldade não existisse. Mamãe, se eu encontrasse com Deus, sabe o que iria pedir a Ele?

— Para voltar ao corpo físico. Acertei? — perguntou Clarisse.

— Poderia ser isto também. Não, acho que se tivesse essa oportunidade, iria pedir algo mais grandioso. Pediria para tirar do ser humano o sentimento da crueldade e colocar no lugar, o amor.

— Alegro-me! — exclamou Clarisse, sorrindo. — Muito bom o seu pedido! Porém os sentimentos, somos nós mesmos que devemos trocar. Muitos já o fizeram, e os que conseguiram, não foi em um estalar de dedos, trocaram com trabalho, se educando, e a maioria tendo a dor por companhia. Deus, Shelton, não estaria privilegiando os que ainda imprudentemente agem errado? Cada um de nós temos de caminhar com nossas próprias pernas, por nós mesmos, para o progresso, e sem privilégio.

— Não tinha pensado nisto! — concordou Shelton. — A senhora está certa. Se eu fizesse esse pedido, e Deus me atendesse, estaria premiando muitas pessoas que ainda não querem mudar.

Acho que estaria também sendo egoísta, queria viver longe dos cruéis, não sentir as ações da maldade.

— Porém, filho, nós, em vez de pedirmos para Deus fazer, podemos realizar sempre muito por nós e pelo nosso próximo. Se conseguirmos erradicar em nós os maus sentimentos e substituí-los pelos bons, estaremos fazendo a diferença; e se ajudarmos alguém ou mais pessoas, pelo nosso exemplo, a fazê-lo, melhoraremos a Terra, planeta que temos por moradia. Vou deixá-lo agora, tenho de voltar à minha tarefa. Não trabalho sossegada sabendo que está vagando por aqui. Um desencarnado iludido e teimoso como você corre muito perigo. Até logo, meu filho!

Shelton respondeu à saudação e ficou pensando no que a mãe lhe falara.

"Minha mãezinha tem razão, mas não quero ir. Porém sei que preciso aprender a viver como um desencarnado e ser útil. Vou esperar somente Valter voltar, ter notícias de Tiago, agradecer a Paula e ao meu amigo, aí chamo por mamãe e vou com ela. Como é ruim desencarnar! Sei que deve ser bem pior ir por afinidades para aqueles lugares tristes que se chamam umbral. Como está sendo difícil aceitar a morte!"

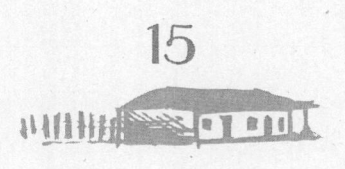

15

Namorando

VALTER ACOMPANHOU OS POLICIAIS e Benício à delegacia de Campo Alto. O detento foi levado para uma cela, e ele foi conversar com seu padrinho.

– Meu afilhado – falou o delegado –, vamos fazer segredo da prisão de Benício. Já telefonei para o hospital, pedi para o doutor André avisar José Antônio para não comentar. Pedi também para um soldado ir a Água Funda e recomendar a todos de lá que fiquem calados.

– Por que, padrinho? – ele quis saber.

– Neste momento, um investigador está se passando por um comprador e está negociando com o farmacêutico que você citou. Há tempo que estamos investigando farmácias, achávamos que alguém dentro de uma estava vendendo drogas perigosas. Agora, ao ter conhecimento do que nos contou, tenho quase certeza de que ele é o homem que os traficantes citaram. Esperamos pegá-lo. Se ele souber da prisão de um dos seus compradores, pode se precaver e até fugir.

– O meu informante me garantiu que já o tinha avisado – comentou Valter.

– Mas como o farmacêutico não sabe de prisão nenhuma, talvez ache que não tem perigo atender um cliente que remunera bem. É difícil para certas pessoas resistirem a uma boa oferta... Depois, temos suspeita de outros fatos, e, se juntarmos tudo... se conseguirmos prendê-lo, livraremos a sociedade de um ser desprezível.

– Será que esse homem é de fato formado? Um farmacêutico? – perguntou Valter.

– Não sabemos ainda, porém posso afirmar que ele sabe o que faz. Infelizmente, entre tantos bons profissionais, há aqueles que envergonham a classe, existem pessoas que erram, e até maldosas, em todas as profissões. – O delegado mudou de assunto e indagou: – Foi você quem surrou o preso?

– Não. Lutamos, trocamos socos e imobilizei-o, quem fez os ferimentos foi Alzira, uma empregada, a ex-babá de Tiago, que, indignada, agrediu-o. Será que saberemos o que contém?

– Foi para o nosso laboratório – respondeu o delegado. – Já estão analisando e, assim que soubermos o que é, informaremos aos hospitais. A recepcionista do sanatório de Campo Alto nos informou que foi dona Magda, a mãe de Tiago, que trouxe para o filho uma maçã muito bonita. Disse que o menino gostava muito daquela fruta, e, quando lhe disseram que não podiam deixar entrar nenhum alimento, ela comentou: "Benício ficará chateado, ele comprou-a para o irmão". E, pelo visto, como não pôde entregar a maçã, comeu-a e passou mal. Certamente, com mais essa dose, Tiago passaria muito mal ou até morreria.

– Deveria ter deixado Alzira bater mais nele. Irá interrogá-lo? – quis saber Valter.

– Por enquanto, não. Ficará isolado, ninguém conversará com ele. Receberá, como todos os presos, água e alimento.

Pedirei para o juiz autorizar sua prisão. Se ele der, ficará somente alguns dias, para investigação. Ele é réu primário e não foi preso em flagrante. Como hoje é sábado, diremos que é impossível um advogado ou juiz atendê-lo para um *habeas corpus*, e espero ter na segunda-feira dados concretos para apresentar ao juiz, para que autorize Benício ficar preso. Pelo que me contou, o que ele disse na frente das testemunhas não é suficiente para ser acusado de criminoso.

— Pena, padrinho — lamentou o moço —, com certeza, é ele o criminoso, tentou matar Tiago e matou Shelton.

— Quanto ao Tiago, ele não matou, e será difícil provar quanto ao Shelton. Sinto muito!

— Acho que não tenho mais nada a fazer aqui. Na segunda-feira, cedo, vou tentar conversar com o meu informante, quem sabe terei mais alguns dados. E Nelisa e Ivany, o que acontecerá com elas?

— Diante da confissão do enfermeiro Francisco, das declarações da mãe da dona Ângela, de que Nelisa ia visitar a filha quando ela estava em casa e sempre levava sucos, ficará presa, mas soltaremos Ivany. Espero que Benício seja mesmo o culpado.

Valter viu Ivany sendo solta. Estava furiosa, disse que ia para a casa de seus pais e que mandaria alguém pegar suas roupas que ficaram em Água Funda, e que seus advogados entrariam com processo por danos morais etc. Nelisa ficou presa em uma cela com outras detentas. Valter ficou de mandar ao seu padrinho o que conseguira tirar das unhas de Cássia e trazê-la para depor na segunda-feira, às onze horas. Voltou para a fazenda. A casa estava fechada, e uma empregada informou-o que o senhor José Antônio fora para o hospital e que Alzira e as garotas estavam no alojamento. Ele foi para lá. Na varanda, gritou:

– Sou eu, Valter, cheguei da cidade. Vocês estão juntas? Precisam de alguma coisa?

– Todas saíram para a varanda, e Fabiana explicou:

– Estamos preocupadas e com medo. Dona Neuza, esta senhora que trabalha na escola, veio, atendendo nosso pedido e de dona Nelisa, ficar conosco. Alzira também pernoitará aqui para não ficarmos sozinhas. Estamos acomodadas, quatro em cada quarto, três de nós e uma delas. Colocamos colchões no chão.

– Não precisam ter medo, mas é bom que fiquem juntas e não andem por aí sozinhas. Vou dormir aqui também, no meu quarto.

– Valter – pediu Cássia –, você foi à cidade, estava na casa quando ocorreram as prisões. Está sabendo o que aconteceu? Poderia nos explicar por que dona Nelisa e a irmã foram presas e depois Benício?

– Vou contar a vocês – decidiu o moço. – Quando a outra diretora da escola aposentou-se, uma professora, dona Ângela, era a mais cotada para ocupar o cargo, e tudo indica que Nelisa deu uns remédios, drogas, a essa senhora, o que a fez adoecer, e, como ficou enferma, não pôde assumir a diretoria, e Nelisa veio em seu lugar. Descobriram, há provas, e ela foi presa.

– Ficará detida? – quis saber Júlia.

– Pelo menos até segunda-feira – esclareceu Valter –, depois seu advogado pode entrar com recursos, e ela poderá responder o processo em liberdade. Com certeza, será demitida da escola.

– Meu Deus! – exclamou Neuza. – Estou surpresa, dona Nelisa era tão boa, interessou-se por todos, empregados e alunas. E agora, o que faremos?

– Os proprietários do colégio já foram informados – explicou Valter –, creio que logo chegará alguém da escola para resolver a situação de vocês. Enquanto aguardam, ficarão aqui.

– E por que Benício foi preso? Ele tentou matar Tiago? É difícil de acreditar... – Eleonora, indignada, quis saber.

– Tiago estava doente, tentou o moço esclarecer. Ao ser internado no hospital, constataram que ele estava intoxicado ou envenenado, e Benício é considerado culpado. Os dois são irmãos por parte de mãe, e eu não sei bem o porquê de ele ter feito isso, o caso está sendo investigado. Vamos dormir e não tenham medo, eu estou aqui.

Todos foram para os quartos, mas dormiram tarde. As meninas estavam nervosas com os acontecimentos e apreensivas para saber quem seria a nova diretora. Valter também estava preocupado, temia que Benício fosse libertado e que não conseguissem provar nada contra ele. O ex-policial levantou-se cedo, dirigiu-se à casa, e encontrou com Elizângela que, após cumprimentos, contou-lhe da chantagem que Benício estava fazendo e completou:

– Ainda bem que ele foi preso! Mesmo que não fique na cadeia por muito tempo, quando sair não poderá me chantagear. Com certeza o senhor José Antônio não o aceitará mais aqui. Estou com medo dele, acho que não terei mais sossego.

Ele tomou café e esperou as meninas, que vieram também tomar o desjejum. Valter convidou-as para passear.

– Será que devemos? – perguntou Fabiana.

– Que diferença fará se formos? – indagou Luciana. – Temos de esperar, e ficar no alojamento é muito chato.

– Vou com vocês – decidiu Elizângela. – Domingo estou de folga. Podemos fazer um piquenique.

Entusiasmaram-se, organizaram-se, arrumaram lanches e foram para um local da fazenda que era muito bonito, perto do rio. Assim que Valter conseguiu ficar perto de Cássia, perguntou:

– O que você, minha amiga, tem para me falar? Estou curioso! Ontem, quando me chamou, não pude ir, estavam acontecendo muitas coisas na casa.

– Não precisa justificar, deve ser por isso que Benício me agrediu. Foi ele, não foi? – perguntou Cássia.

– Benício desconfiou que eu estava por trás de tudo, que investigava, e certamente nos viu nos comunicando com acenos e achou que era você que me ajudava. Acho que ele não ia matá-la, queria assustá-la.

– E conseguiu! Com esse calor, tive de colocar uma blusa de gola alta. O que queria lhe dizer é: Paula também se interessa por você.

– Que bom! – exclamou o moço, alegre.

– Mas..., por favor, não brinque com ela, com seus sentimentos – pediu Cássia. – Você sabe, Paula é órfã, é como se fosse, é como ela se sente, não tem ninguém...

– Nunca fiz isso ou farei, respeito as pessoas – respondeu Valter.

"Cássia tem razão", pensou ele, "Paula não deve sofrer mais. Porém estou realmente muito interessado, acho até que a amo, quero e vou fazê-la feliz."

– Tudo bem, então! – concordou Cássia.

Reuniram-se ao grupo e foram conversando, mas o assunto era Nelisa, as prisões e as preocupações das mocinhas. Júlia estava tão aflita que acabou contando que falsificou a autorização do pai.

– Júlia! – Fabiana repreendeu-a. – O que você fez é falsificação! Você poderá ser presa!

– Claro que não! – explicou Valter. – Você é menor e essa sua ação não é tão grave assim para uma detenção. E ninguém mais precisa saber. Aqui, todas são suas amigas e não falarão.

A nova diretora e os proprietários da escola não precisarão saber, mas, se souberem, acho que não lhe farão nada, no máximo um pequeno castigo. E se seu pai souber, creio que está na hora de alguém conversar com ele e fazê-lo entender o tanto que é ruim ficar 365 dias por ano no internato.

— Será que meu pai irá saber? — perguntou Júlia.

— Acho que não — respondeu Valter. — Os proprietários da escola vão fazer de tudo para evitar escândalo, e vocês, alunas, serão vítimas inocentes, que não fizeram nada de errado. O melhor é aproveitarem as férias e, quando vierem buscá-las, vão e não arrumem problemas. Tudo dará certo. Os proprietários do colégio e a nova diretora terão muitos problemas para resolver e não vão se preocupar se você, Júlia, ou se uma das alunas veio ou não sem autorização.

— Vamos jurar que não falaremos — pediu Cássia. — Todas com as mãos aqui. Juramos não contar nada sobre a autorização.

Juraram pela segunda vez. Cássia ajudou Paula a se afastar do grupo, e Valter foi conversar com ela. Falaram frases soltas, como: aqui é lindo, está calor etc. Até que Valter a olhou, segurou suas mãos e pediu:

— Você quer namorar comigo?

Sentiu-se ridículo, queria falar frases bonitas, mas, pela primeira vez, encabulou-se com uma garota.

— Aceito! — respondeu ela, emocionada.

Os dois sorriram felizes.

— Vou ajudá-la!

— Vou ajudá-lo!

Falaram juntos e riram. As meninas, curiosas, se aproximaram, e ele explicou:

— Paula e eu estamos namorando!

Umas já desconfiavam; outras achavam que Valter estava interessado era em Cássia, mas todas ficaram contentes.

— Na escola, com certeza, não irão se ver. Namorados não podem visitar-nos — comentou Luciana.

— Estou pensando em uma maneira de vê-la todos os dias — falou Valter. — Paula já terminou o curso, vou pedir para o senhor José Antônio lhe arrumar um emprego e também ao seu tutor autorização para que ela possa sair do internato.

— Mas onde ela vai morar? — perguntou Fabiana.

— Dona Nelisa ia me arrumar um emprego e onde morar — lamentou Paula. — Mas agora tenho de me arrumar sozinha. Se tiver um emprego, posso morar com outras garotas. Depois, sozinha. Vou comprando o que preciso devagar.

— É isso! — apoiou Valter. — Tudo dará certo! Auxiliarei você no que for preciso.

O passeio foi muito bom, todos gostaram, voltaram ao entardecer e, cansados, foram dormir. Na manhã seguinte, Valter levantou-se muito cedo e foi à cidade conversar com seu informante. Antes passou no banco e sacou todo seu dinheiro. Obteve informações importantes.

Quem ia buscar a droga eram estas pessoas...

Valter não se surpreendeu, já desconfiava; eram Magda e Marquinho, o office boy da empresa do senhor José Antônio, onde Benício trabalhava.

— Aqui está uma parte do dinheiro, fica com meu carro como restante do pagamento — falou Valter.

— Você não está sendo correto comigo — argumentou o traficante. — Ninguém nos encomenda um serviço se sabe que não tem o dinheiro para pagar.

— É tudo o que tenho, mas o carro está com a documentação em ordem, pode ficar com ele.

– Aqui perto temos quem pode comprá-lo, vá lá, venda-o. Quero o meu dinheiro.

Valter receou, sabia bem o que era ficar devendo a eles, mas queria muito ter as informações e acabou se excedendo, se empolgando. Foi ao lugar indicado, um homem olhou o carro, os documentos, ofereceu bem menos que o carro valia. Valter pensou em não aceitar, tentar vender o veículo em outro local, mas podia demorar. Resolveu aceitar, entregou o carro, pagou o informante e ficou com pouco dinheiro. Voltou à fazenda pagando um motoqueiro para levá-lo. Foi encontrar com as meninas, que estavam no alojamento e, ao vê-las, informou:

– Tenho de levar Cássia para depor em Campo Alto e temos que chegar lá às onze horas.

Surpresas, queriam saber o porquê, e todas falavam ao mesmo tempo.

– Por favor – pediu Valter –, calem-se, posso explicar. Obrigado! – Ele agradeceu por elas terem se calado. – No sábado, antes das prisões, Cássia me aguardava no jardim porque pedi a ela para conversar com Paula para saber se ela me queria, se estava interessada em mim como estou por ela, quando foi atacada. Alguém lhe apertou o pescoço, e essa pessoa foi Benício, porque Cássia arranhou seus braços e ele estava com os braços arranhados. Vou com ela depor.

Depois de muitas perguntas, que Valter esclareceu, Neuza decidiu acompanhá-los. E, para irem, o moço pegou o outro carro do senhor José Antônio. Sem autorização, porque ele continuava no hospital. Foram os três, e, no caminho, Valter instruiu-a no que teria de dizer. Cássia estava assustada, mas na delegacia a trataram com delicadeza, e o padrinho de Valter foi gentil. Depois que ela respondeu tudo, agradeceu-lhe.

– Agora vou levá-las ao carro, terei de voltar por uns instantes para conversar com o delegado, aguardem-me lá – pediu o ex-policial.

Valter, em particular, contou ao padrinho o que soubera, das informações que obteve.

– Nós também tivemos progresso – contou o delegado. – Prendemos hoje, pela manhã, o farmacêutico, em flagrante. Ele caiu na armadilha que preparamos. E foi identificada a droga que acharam no vaso. Tiago e Magda estão fazendo o tratamento correto. Ontem, dois dos meus investigadores foram conversar com Magda. Sem saber que o filho está preso, contou em depoimento que foi Benício quem lhe deu a maçã para levar ao Tiago e, por não poder deixar a fruta no hospital, comeu-a. Vou mandá-los voltar a perguntar se ela vinha aqui em Campo Alto, buscar remédios para o filho. Vou dar ordens para que Marquinho também seja interrogado. Com esses dados, vou pedir a prisão preventiva de Benício, e aí, não teremos mais como esconder o fato.

– O senhor agora irá interrogar Benício? – curioso, o moço quis saber.

– Não, vou deixá-lo sem saber o que está acontecendo. Ele já telefonou para um advogado, que logo estará aqui. É a lei!

Valter entendeu. Não teria como deixar Benício preso por muito tempo. Voltaram à fazenda, e Cássia teve de contar tudo e detalhado para as amigas. Os hóspedes da fazenda tentaram se distrair: passearam, jogaram, e o casalzinho namorava. Na tarde de terça-feira, Paula viu Shelton, que lhe pediu para se afastar do grupo. Ela foi ao jardim e ele lhe pediu:

– *Quero lhe agradecer! Muito obrigado!*

– De nada – respondeu Paula, baixinho. – Pensei que você, tendo o seu problema resolvido, tivesse ido embora. Não ficou tranquilo?

– *Fiquei* – respondeu o desencarnado. – *Mas não podia ir sem lhe agradecer.*

– Não precisa se preocupar com isso, agora já agradeceu, pode ir.

– *Quer se livrar de mim? Incomodo tanto assim?* – perguntou Shelton.

– Bem... – a garota falou com delicadeza. – Não quero ofendê-lo, mas não posso mentir. Os mortos da carne, as almas ou os desencarnados me incomodam. Ainda não sei lidar com tudo isso, mas vou aprender. Quando puder, vou a um centro espírita, e lá compreenderei o que é mediunidade e a lidar com ela. Acho mesmo que a morte é uma mudança e, quando se muda, deve-se realmente mudar.

– *Paula, quando meu pai retornar, você deve ir com Valter conversar com ele. Seu namorado irá pedir por você, que deve aceitar o que meu genitor lhe propuser, mas, por favor, diga ao meu pai o que Valter fez, que gastou todas as suas economias para obter informações. Diga ao meu amigo que eu nunca esquecerei o que ele fez por mim e que lhe agradeço de coração.*

– Digo sim.

– Diz o quê? – perguntou Valter, sentando no banco, ao lado da namorada.

Paula contou o que o jovem desencarnado lhe dissera.

– Será que Shelton ainda está aqui? – quis saber Valter.

– Não sei, não o estou vendo mais – respondeu a sensitiva.

– Pois eu gostaria que Shelton ainda estivesse aqui para que escutasse que eu gosto muito dele, que sinto muito o que lhe aconteceu e que assim que o pai dele vier, direi que ele não era usuário. E respondo ao seu agradecimento: não fiz nada.

Valter se emocionou e enxugou as lágrimas do rosto. Shelton, que continuava ali, chorou muito e desejou que seu amigo fosse muito feliz. Paula comoveu-se ao ver o namorado chorar e exclamou:

— Você é sentimental!

— Sou romântico, quando gosto é para valer, e estou gostando de namorá-la.

— Eu também! – Paula encabulou-se. – Acho que estamos nos entendendo.

— Apesar de tantos acontecimentos tristes, sinto-me feliz. Bendita a hora em que o senhor José Antônio me convidou e eu a encontrei.

E, conversando, chegaram à conclusão de que gostavam das mesmas coisas, que tinham a mesma opinião sobre diversos assuntos. Neuza os chamou, e os dois foram se reunir ao grupo.

16

A conversa com o senhor José Antônio

QUARTA-FEIRA PELA MANHÃ, O senhor José Antônio retornou a Água Funda, tomou o desjejum e pediu para chamar Valter para conversar. O moço estava com as garotas na varanda, decidindo o que iriam fazer, quando uma empregada deu o recado.

– Venha comigo, Paula, vamos conversar com o senhor José Antônio.

Foram. O proprietário da fazenda esperava-o no escritório. Estranhou a presença da garota, mas os cumprimentou sorrindo, convidando-os a sentarem.

– Como está Tiago? – quis saber o moço.

– Bem, graças a Deus e a você! – respondeu o proprietário da casa.

O senhor José Antônio olhou para Paula e depois para o amigo do filho, e este explicou:

– Ela é uma das internas da escola, estamos namorando, está aqui porque teve muito a ver com os acontecimentos. É muito complicado entender, mas vou tentar explicar, porque acho que o senhor me chamou aqui para que esclareça o que aconteceu, não é?

— Depois das confusões de sábado — falou o senhor José Antônio —, saí e fui para o hospital e fiquei com o Tiago, mas fui ontem à delegacia e seu padrinho delegado me colocou a par dos acontecimentos. Depois que o doutor André soube o que Benício dava para Tiago, chamou um toxicologista e, com o tratamento adequado, meu filho melhorou muito, não vomitou mais e os enjoos estão passando. Vim aqui organizar tudo e o trarei à tarde.

— Senhor José Antônio — aconselhou Valter —, tome cuidado. Benício não deverá ficar preso, é réu primário. Sem provas suficientes, o juiz pode conceder um *harbeas corpus*, e ele solto pode ser um perigo.

— O que me sugere? — perguntou o proprietário da Água Funda.

— Contrate seguranças para vigiar a propriedade vinte e quatro horas — respondeu o moço.

— Será que ele ousará voltar aqui? — perguntou Paula, se intrometendo.

— Não temos como saber o que ele planeja — respondeu Valter. — Senhor, por que não sugere ao seu advogado para indiciar Benício como doente mental? Porque acho que só pode ser doente para querer matar o irmão.

— Boa sugestão — acatou o senhor José Antônio. — Vou agora mesmo à cidade, no meu escritório, substituirei Benício, ele não é mais meu empregado. Contratarei os seguranças, conversarei com meu advogado. Valter, como descobriu que meu enteado queria envenenar Tiago?

— Foi sem querer — respondeu Valter, com sinceridade. — Achei realmente, ou tinha certeza, de que era Ivany, com a ajuda da irmã. Investiguei-as, descobri que Nelisa dopava dona Ângela. Vou contar tudo, embora não saiba se irá acreditar. O senhor não acreditava em minha tia-avó quando ela dizia que via e ouvia almas, mas foi isto que aconteceu aqui.

Valter fez uma pausa e percebeu que o anfitrião prestava muita atenção, continuou:

– Vim para cá sem entender bem o porquê. Estava ansioso para montar meu escritório, recebi o seu convite e larguei tudo e vim. De repente, Paula – apontou para ela – me deu um estranho recado. Era de Shelton! Eu estava preocupado com ele, com que o senhor me contou, de terem encontrado drogas em seu corpo. Pela Paula, Shelton me indicou um local onde havia, há muitos anos atrás, escondido uns objetos meus. Acreditei e ele me pediu para investigar, porque temia pelo irmão. Muitas coisas aconteceram, fui investigar, e o resto o senhor já sabe.

Ficaram em silêncio por instantes, e o senhor José Antônio falou:

– Já não sou mais tão descrente. Creio mesmo que sua tia-avó estava certa. Cheguei a sonhar com Shelton, e ele me pediu para convidá-lo e para falar a você o que me perturbava, de ele ter tomado drogas. A Ivany, aquela caça-dotes, me levou em um centro espírita e recebi o passe, senti-me muito bem e conversei com um passista no final da reunião. Contei a ele que sonhara com meu filho e que me pedia para convidar um amigo para se hospedar em minha casa. "Por que não convida?" – perguntou o passista. – "Por que não?" – repeti. E convidei-o. Agradeço-lhe, menina! Obrigado por ter atendido meu Shelton. Será que posso ajudá-la?

– Como sabe que preciso de ajuda? – perguntou Paula.

O senhor José Antônio sorriu, ele não pressentiu, quis mesmo pagar o favor. Valter interferiu, esclarecendo:

– Senhor, Paula ainda não aprendeu a lidar com a mediunidade dela, eu também não entendo bem para orientá-la, ela tem somente um livro que leu, que explica esse fato, irá, assim que puder, estudar esse fenômeno. Mas Paula não cobra...

– Sei, mas se posso auxiliá-la, por que não fazê-lo? Não tive intenção de pagar, quero somente ajudar mesmo.

– Pode ajudar – respondeu Paula. – O assunto é complicado e sabemos que o senhor não tem muito tempo. É que preciso de um emprego, que alguém se responsabilize para que eu possa deixar a escola, já me formei e não fiz dezoito anos.

– Por que não pode sair do internato? – perguntou o senhor José Antônio, interessado.

– É porque sou órfã, bem... Achava que era... Tenho um tutor...

– Acho que deve ser complicado mesmo – interrompeu o anfitrião. – Explicarão tudo outro dia. Está empregada, terá onde morar. Valter, vá a cidade e converse com meu advogado e acerte tudo conforme a lei. Resolverei seus problemas.

– Puxa! Obrigada! Mas... – Paula lembrou do que Shelton pediu: – Senhor José Antônio, Valter, para investigar, gastou todo o dinheiro dele, teve de vender até o carro.

– Paula! – exclamou Valter, repreendendo-a.

– Shelton me pediu para contar ao pai dele – justificou a moça.

– O que mais meu filho pediu? – perguntou o senhor José Antônio, emocionado.

– Só isso. Quando o senhor tiver tempo, conto-lhe tudo. Ele despediu-se de mim, agradeceu-nos, a Valter e a mim, e pediu para falar ao senhor que o amigo gastou tudo o que havia economizado.

– Valter, por que gastou todas as suas economias? – quis o senhor saber.

– Fui procurar um traficante que estudou conosco, comigo e Shelton, para saber se alguém daqui da Água Funda tinha comprado drogas, e, para obter informações, paga-se. O informante me garantiu que na cidade ninguém comprou, então o contratei para obter informações nas cidades vizinhas. Foi assim que eu soube do farmacêutico e que Marquinho e dona Magda, sem saberem do que se tratava, pegavam a droga para Benício. E, de fato, usei o dinheiro que estava guardado e tive de vender o carro, dever para eles é perigoso.

O senhor José Antônio sorriu e falou:

– Se precisar, pegue meu carro. Ah! Ia esquecendo, uma orientadora da escola me telefonou, recebi a ligação no hospital, comunicou-me que na sexta-feira virá alguém da escola aqui, ou ela mesma, e levará as meninas. Agora devo ir.

– Não antes de acabar de escutar o resto da história – disse Paula, determinada.

– Paula, o senhor José Antônio está com pressa – alertou o namorado.

– Serei rápida – falou Paula, olhando para o proprietário da casa. – E assim foi, Shelton não usava drogas, não era usuário, tomou-as sim, mas enganado. Naquela noite, discutiram, ele tinha uma festa para ir, tomou um suco e saiu, sentiu-se mal, tonteira, tudo girava, quis parar o carro, mas o freio não funcionou, não conseguiu fazer a curva, capotou o carro, uma peça solta do capô caiu sobre ele atingindo-lhe a cabeça, o combustível que vazava incendiou o automóvel.

O senhor José Antônio, que se levantara para sair, ao ouvi-la, sentou-se novamente, ficou parado, boca e olhos muito abertos. Valter temeu por ele e aproximou-se rápido, pegou uma mão dele e censurou a namorada:

– Você não podia dar a notícia assim...

– Ele estava com pressa. Depois, não podia mais deixá-lo que pensasse errado a respeito do filho. Shelton sofria com esse fato. Ele foi assassinado, não foi imprudente nem se drogou por vontade própria.

O senhor José Antônio chorou, e Paula ficou constrangida e pediu, com voz baixa:

– Desculpe-me, senhor!

– Por favor, menina! – exclamou o senhor. – Não me peça desculpas. Sofri e ainda sofro muito com a morte de meu filho. Achar que ele se drogava era para mim muito ruim, acreditar que ele pudesse ter se suicidado e que eu era de alguma forma culpado me torturava. É um alívio saber a verdade, mas ao mesmo tempo sinto revolta. Por que, meu Deus? Como pode um ser humano matar outro? Foi Benício? Vocês sabem quem foi?

– Foi Benício – respondeu Paula.

– Como fala com tanta certeza? Shelton lhe disse? – perguntou Valter.

– Ele me falou que tudo estava se solucionando, então foi Benício. Ele não estava querendo matar o próprio irmão? Se não fosse Benício, com certeza ele me diria.

– Nem sei o que sinto em relação ao meu enteado – desabafou o senhor José Antônio. – Ele veio para cá ainda criança, dei tudo a ele: estudos, roupas, viagens, um emprego decente, carinho, tanto que, quando me separei da mãe dele, preferiu ficar comigo. Não sei o que faço. Valter, o que devo fazer?

– Não existem provas, não podemos ir à polícia e dizer simplesmente: a alma ou espírito de Shelton apareceu a uma mocinha e falou... Seríamos motivos de piada. O que se pode fazer é interrogá-lo de uma forma que confesse, ou exaltar sua inteligência ou falar que alguém viu. Vou conversar com meu padrinho.

O senhor da casa abraçou apertadamente o amigo do filho, depois se despediu de Paula, segurando sua mão. Os dois saíram, sentaram-se em um banco no jardim. Viram o senhor José Antônio sair rumo à cidade.

— Paula, você não me falou de como foi o acidente — queixou-se o moço.

— Shelton me contou antes que falasse com você, acho que fez isso para tentar me convencer a ajudá-lo. Foi difícil eu falar com você sobre o caso, temi que se queixasse à dona Nelisa ou me chamasse de louca. Shelton me contou, mas não falou quem foi.

— Não existem provas! — lamentou Valter. — Acho que por isso que não falou quem o assassinou. Agora não restam dúvidas, foi Benício. Não consigo entender o porquê. Conheço Shelton desde pequeno, tínhamos a mesma idade, e Benício não se adaptou às nossas brincadeiras, porém não lembro de nenhum desentendimento nosso. Não gostávamos dele, acho que Shelton nunca conseguiu ser seu amigo. Eu tinha a sensação de que Benício não se encaixava na minha vida. Bendita sensação!

— E o que sua sensação diz a respeito de mim? — perguntou Paula.

— Que a amo e amarei para sempre, você se encaixa direitinho no meu coração, e espero que eu me encaixe no seu.

— Vamos ver..., Valter, estranhei o fato de o senhor José Antônio afirmar que irá me ajudar e não comentar nada quando contei que você gastou todo o seu dinheiro na investigação.

— Você não viu que ele sorriu? — perguntou Valter e, como Paula negou com a cabeça, ele explicou: — Quando o senhor José Antonio sorri daquele modo é porque irá pensar e resolver. O pai de Shelton é uma boa pessoa, certamente irá me ressarcir.

Paula, vou também à cidade, vou pedir ao advogado para visitar o seu tutor, pedir para ele assinar a autorização para que saia da escola. Também conversarei com sua mãe, a senhora Lalá; direi que você sabe de tudo e que quer deixar o internato e trabalhar.

– Mas não quero morar com ela, não quero mesmo! – reagiu Paula. – Prefiro a escola!

– Você não irá. Se o senhor José Antônio disse que vai ajudar é porque vai. Depois, estou aqui para protegê-la. Faltam somente alguns meses para você completar dezoito anos e nenhum juiz obrigará você a ir com sua mãe. Depois, Paula, se sua mãe quisesse você com ela, não a colocaria em um internato. O advogado resolverá tudo rápido. Agora, meu bem, tenho de ir.

Ele a deixou com o grupo e foi à cidade. De fato, resolveu tudo rápido com o advogado, que prometeu que iria naquele dia comunicar ao tutor que Paula queria sair do internato.

Paula contou às garotas que somente acompanhou Valter para cumprimentar o senhor José Antônio e que ele a informou que na sexta-feira alguém da escola viria buscá-las e que, enquanto isso, ficassem à vontade. Disse também que à tarde Tiago sairia do hospital e que ele estava bem. Não falou nada de sua aventura com o espírito de Shelton. A maioria de suas colegas não acreditava nela, e outras sentiam medo dela, como se fosse uma desencarnada. Já tivera tantos problemas com sua mediunidade que, se não fosse pelo seu precioso livro, poderia ser tachada de doente e acabar em algum hospital. Contou tudo depois para Cássia. Passearam, almoçaram, e Neuza não as deixou sozinhas.

Shelton escutou a conversa que os três tiveram no escritório. Quando seu pai chorou, ele também chorou bastante. Incomodava-o muito o fato de o pai achar que ele era usuário de drogas. Sentiu os pensamentos de seu genitor pela primeira vez quando estava em um leito da enfermaria. "Por que filho?" Por que tomava drogas? Onde errei com você? Por que se drogava?" Shelton gritava que não. Sua mãe lhe explicou o que aconteceu, e ele se revoltou e indagou: *"Por que fui assassinado? Por que denegriram minha imagem?"* O pai se desesperava no plano material, e ele, no posto de socorro, tanto que Shelton saiu da casa que o abrigava e foi para perto do genitor. A mãe o buscou, fez isso por três vezes, e, na quarta, ele não quis voltar e resolveu ficar.

"Agora", pensou Shelton, *"compreendo que os trabalhadores bondosos foram benevolentes comigo, tentaram me orientar, mas senti revolta, às vezes me desesperei, lutei para não odiar, queria que papai soubesse que não fui culpado, nem ele."*

Com tudo explicado, não havendo mais perigo, resolveu ir embora, chamou por sua mãe, e Clarisse logo veio até ele.

— *Mamãe, quero ir embora!*

— *Graças a Deus! Vou levá-lo para a colônia onde moro. Você vai gostar!*

— *Não estou tão certo disso* — respondeu Shelton, triste. — *Acho que por enquanto não irei gostar, queria mesmo estar encarnado, mas esse fato está consumado, meu corpo morreu, preciso me adaptar e tentar ser feliz. Agora volto diferente, mamãe; a ilusão passou, entendi que desencarnei e que preciso lhe dar sossego, parar de preocupá-la. Prometo à senhora e a mim mesmo que tentarei aceitar o ocorrido, estou recebendo muito e quero ser grato e útil.*

Shelton chorou, a mãe o abraçou e volitou com ele.

17

O sequestro

BENÍCIO ARREPENDEU-SE POR TER discutido com Valter. Sentiu muita raiva dele por ter se intrometido. Estranhou muito ao ser colocado em uma cela com poucos presos, e seus colegas de cárcere não eram criminosos perigosos: dois presos por falsificar documentos; um médico que tentou matar a esposa por ciúmes; outro, por ter xingado o juiz durante uma audiência na separação da mulher e outros dois que não quiseram dizer o porquê de estarem ali, mas afirmaram ser inocentes. Não foi interrogado, ninguém conversou com ele, não recebeu visitas.

"Minha mãe está internada, por isso não veio. Tiago também está no hospital, o meu padrasto não virá, nenhum colega, amigo, nem Elizângela."

Quando pediu para telefonar para um advogado, informaram-no de que somente poderia fazê-lo na segunda-feira. Esperou inquieto. E na segunda-feira, logo pela manhã, conseguiu telefonar para um advogado conhecido dele, que tinha fama de pegar qualquer caso desde que recebesse pelos honorários. O advogado foi conversar com ele à tarde. Benício contou somente os acontecimentos de sua prisão.

– Eles têm provas do que o acusam? – quis o advogado saber.

– Não, acho que não! Ninguém viu nada que me incriminasse.

– Negue – aconselhou o defensor –, afirme ser inocente. Estou estranhando você não ter sido interrogado, mas se for, negue, e se lhe disserem que você falou algo que o compromete, diga que estava nervoso e que foi agredido. Vou processar essa mulher que lhe bateu e este Valter que o prendeu. Vou ao juiz pedir sua libertação e depois veremos o que faremos. Acho que irei solicitar uma indenização por danos morais ao senhor José Antônio e, se ganharmos, ele terá de despender de muito dinheiro.

Benício duvidou, mas, se acontecesse o que o advogado afirmava, seria muito bom. Combinou os honorários. Benício pediu sua bolsa, que estava guardada junto com seus pertences que ficaram confiscados, e deu um cheque ao advogado. Despediram-se e ele voltou à cela; lá, um dos detentos alertou-o:

– Cuidado com advogados, amigo, existem muitos que não são dedicados, e há até os desonestos. É perigoso ele sumir depois que tenha recebido ou, se ninguém interferir (um familiar, amigo), ele demorar para resolver seu caso.

O delegado mandou levar todas as provas que conseguiram, logo na segunda-feira, para o juiz, e pediu a prisão preventiva de Benício. O juiz ordenou que ele ficasse preso por cinco dias, para verificação.

Benício ficou preocupado. Terça-feira, nenhuma notícia, telefonema, ninguém conversou com ele. Aquele silêncio o incomodava. No fim da tarde dessa terça-feira, o advogado pediu para ver a denúncia e entendeu que o caso era mais grave que pensava, mas entrou com pedido de *habeas corpus* e somente saberia se conseguiria ou não, na quarta-feira. O advogado então concluiu que teria de conversar de novo com seu cliente e cobrar mais caro pela defesa.

Na quarta-feira, Benício estava muito inquieto, era isso que o delegado queria, deixá-lo inseguro para depois interrogá-lo. Benício pediu para telefonar para o advogado, foi permitido, ele foi retirado da cela, levado à sala onde podia telefonar. Seu advogado atendeu, disse que logo que tivesse a resposta do juiz isso se daria. À tarde, iria conversar com ele, mas adiantou que o caso não era tão simples como ele apresentara e que conseguiram muitas provas contra ele, impressões digitais, o farmacêutico fora preso, que a mãe dele e um empregado pegavam a droga e finalizou: para ficar no caso, para defendê-lo, ia ter de cobrar muito mais.

Benício ficou muito nervoso. Um guarda foi acompanhá-lo à cela, abriu-a, Benício entrou. Quando o guarda foi fechar, escutaram uns gritos, ele trancou a porta, mas não tirou a chave, virou-se para escutar melhor o que estava acontecendo. Benício, rápido, destrancou-a, e o guarda, sem verificar, tirou a chave, deixando a cela destrancada. E foi rápido à frente, ver o que estava acontecendo. Os presos também ouviram gritos, era uma mulher que gritava. Pelo que escutou, ela tinha sido presa roubando, e a que foi roubada queria bater nela e exigia que a ladra devolvesse seus pertences.

— A porta da cela está destrancada, eu vou sair e saia quem quiser. — Benício avisou os companheiros, falando baixo.

— Eu vou! — disse o médico.

— Eu não! — afirmou um rapaz.

— Você não abriria as outras celas? — perguntou Benício ao moço que dissera que não iria com eles. — Já que não vai, dê oportunidade a outros de saírem.

Benício achou que quanto mais detentos saíssem haveria mais confusão e maior possibilidade para ele fugir.

– Eu faço isto! – determinou um outro. – Vou fugir e tenho amigos em outras celas. Com eles, irei para longe. Abro todas!

Os que estavam com ele, que quiseram fugir, saíram pedindo silêncio, Benício passou pelo corredor, a confusão continuava na recepção, passou por outra sala, viu sobre uma cadeira uma arma de algum policial, pegou-a. Chegou fácil à rua, viu um ônibus parar no ponto, ligeiro embarcou; da janela do veículo viu alguns presos saírem da delegacia. Fingiu que esquecera a carteira em casa e uma mulher pagou a passagem para ele, não ficou muito na condução, somente alguns quarteirões. Desceu no centro da cidade.

Andou somente alguns metros e viu algumas motos estacionadas na calçada. Entre elas, encontrou uma do mesmo modelo que tivera. Sabia ligar aquela moto, sem chave. Aproximou-se. Ela estava sem alarme nem cadeado e abastecida. Ligou-a facilmente e, como se fosse dele, saiu tranquilamente. Foi então que pensou para onde ir:

"Vou a Água Funda! Poderei pegá-los de surpresa. Aquele Valter não perde por esperar."

Tentou ficar calmo. Seu coração, desde que saiu da cela, batia descompassadamente. Sem pressa rumou para a fazenda.

Na delegacia, assim que os primeiros presos saíram, os policiais perceberam. Com todas as celas abertas, muitos fugiram; poucos ficaram. O que abriu as celas, com dois companheiros, fugiu pelos fundos; o restante, pela frente, e enfrentaram os soldados, que pediram reforços. Os policiais atiraram e muitos foram impedidos de fugir. Houve um grande tumulto por uns quinze minutos. Policiais do reforço chegaram, cercaram a área e saíram atrás dos fugitivos. Quase todos foram capturados, os três que fugiram pelos fundos conseguiram escapar.

O delegado, ao fazer a contagem, percebeu que Benício fugira e não fora capturado; imediatamente, informou o hospital e mandou um guarda para lá. Avisou pelo rádio o delegado da cidade perto de Água Funda, e pediu para avisarem o pessoal da fazenda, ao Valter e ao senhor José Antônio.

No hospital, o diretor pediu para ficarem atentos, fechou o portão da recepção. Alguém entraria somente após se identificar. Deixou uma enfermeira de confiança com o garoto e, logo que o guarda chegou, postou-se na porta do quarto de Tiago.

Quando avisaram o senhor José Antônio, ele ainda estava no seu escritório. Aflito, antecipou sua ida a Campo Alto para ficar com o filho, mas antes escreveu um bilhete e pediu para um empregado ir rápido à sua casa, à Água Funda, entregar ao amigo de seu filho.

As garotas, em companhia de Valter, estavam na varanda do alojamento quando Alzira veio, acompanhando o empregado.

– Valter! O senhor José Antônio mandou entregar um bilhete. É urgente!

O moço entregou o bilhete. Valter abriu e leu.

"É melhor dizer", pensou.

– O senhor José Antônio está me avisando que Benício fugiu da cadeia, para informar a todos os empregados e para irmos para a casa sede, ficarmos lá e não sair. – Virou para o empregado e disse: – Jaime, volte à cidade, vá à delegacia e pergunte ao delegado se ele pode mandar um guarda para cá. Não sei se o senhor José Antônio deu ordem no seu escritório, mas, se não deu, diga a todos para ficarem atentos. Se Benício aparecer por lá, é para chamarem a polícia. Agora vá.

Jaime saiu rápido e logo escutaram o barulho de sua moto. Ficaram calados até que Alzira perguntou:

– Valter, o que eu faço?

– Alzira, vá a todas as casas e avise-os. Diga-lhes que Benício tentou matar Tiago, que estava preso, que fugiu e que, infelizmente, pode ser perigoso. Para fecharem bem as portas e janelas, sair somente acompanhados e, à noite, permanecer em suas casas. Vou conversar com Elizel, o administrador, pedir que sejam feitas somente as tarefas essenciais na fazenda.

— Ele é tão perigoso assim? — perguntou Neuza.

— Não sei — respondeu o moço. — Estou cumprindo ordens. Acho que Benício não virá para cá, mas o que se pode esperar de uma pessoa que tentou matar o irmão por inveja? Por que, só pode ser por inveja, pois ele não lucraria nada com sua morte, nem herdeiro seria. Infelizmente, acho que dele pode se esperar tudo de ruim. Garotas, dona Neuza, peguem algumas roupas, vamos fechar o alojamento e irmos para a casa e, por favor, não saiam sozinhas e não vão a lugar nenhum sem falar comigo.

Valter falou e foi saindo. Paula gritou:

— Aonde você vai? Vai nos deixar sozinhas?

— Por enquanto, não há perigo, se ele resolver vir para cá, chegará somente à tarde. Vou cumprir as ordens do senhor José Antônio. Encontro vocês na casa.

Valter realmente cumpriu as ordens, embora as achando um pouco exageradas. Entrou no quarto do pai do seu amigo e onde foi indicado pelo bilhete achou um revólver, colocou as balas em um bolso e a arma no outro. Duas empregadas vieram saber o que elas fariam, o moço disse:

— O senhor José Antônio me escreveu um bilhete informando que Benício fugiu da cadeia e, como está muito perturbado, acha melhor todos tomarem cuidado. Parem hoje mais cedo no trabalho. Os que moram na cidade vão logo para suas casas, e os que residem aqui tranquem as portas, ou, se preferirem, podem vir para cá. E se virem Benício por aqui, não se aproximem, me chamem, que estarei na casa com as garotas.

As meninas vieram, e Valter, depois de ter cumprido todas as ordens do proprietário, foi ao alojamento pegar seus pertences, trancou-o e foi juntar-se ao grupo. As garotas estavam inquietas, com medo, não sabiam o que fazer. Valter propôs que jogassem. À tarde, veio um guarda da cidade. Alzira fechou bem a casa.

– As chaves da casa que eram de Benício ficaram no quarto dele – informou Alzira. – À noite é melhor colocar cadeiras nas portas; caso ele abra, o barulho delas nos acordará.

Os empregados cumpriram as ordens, mas estranharam, e Valter teve de explicar várias vezes que Benício estava sendo acusado de tentar matar o irmão. Jantaram e aguardaram.

Benício, ao aproximar-se da cidade, parou por momentos. Como estava com sede, tomou água de um bebedouro público, e sentiu fome. Não tinha dinheiro e não queria ir a lugares que eram conhecidos, pensou no que ia fazer.

"No apartamento de mamãe não posso ir, com certeza será o primeiro lugar que me procurarão. Amigos? Acho que não. Subalternos, os empregados, com certeza chamarão a polícia se me virem. Quem poderá me ajudar? Acho que, espontaneamente, ninguém."

Em Campo Alto, passado o tumulto da fuga, os policiais se organizaram e saíram em captura dos que ainda se achavam foragidos. Um roubo de uma moto chamou a atenção do delegado, que conversou por telefone com o senhor José Antônio e soube que Benício gostava de motos e que já tivera uma da marca e modelo da que foi roubada. Concluiu que fora Benício quem a roubara e pelo rádio informou todas as delegacias da região.

– Quase dezessete horas! – exclamou Benício, baixinho.

"Mas por que não lembrei disto antes?", pensou ele. "Elizângela! Ela vai me ajudar, querendo ou não. Sairá da aula às dezessete horas e trinta minutos. Bendito curso de férias!

Ela costuma sempre tomar um lanche perto da escola e depois vai para casa."

Decidido, Benício foi para o bar e aguardou-a. Elizângela não sabia da fuga. Saiu da escola, despediu-se de duas amigas e foi lanchar. Antes de entrar, viu-o, assustou-se, e ele falou, aparentando tranquilidade:

— Elizângela, querida, vim vê-la. Não se assuste! Sou inocente e me libertaram com mil desculpas, mas vou processá-los. Deixe esse assunto para depois. Foi Valter que armou tudo. E, como vê, estou solto e inocentado. Não sei o que lhe falaram, deve ter sido um absurdo, para você ter se assustado. Estive pensando nestas horas em que estive detido inocente e conclui: quero ser seu amigo e não vou chantageá-la mais, prometo. Vamos conversar um pouco? Venha comigo, levo-a para lanchar em outro lugar, depois a deixo em casa.

Elizângela ficou sem saber o que fazer. Achou que se ele estava solto era porque deveria ser inocente e não haveria nada de mais tomar um lanche em sua companhia. Acomodou-se na garupa da moto. Benício desviou-se do centro da cidade.

— Aonde você vai? — perguntou a moça.

— No bar da estrada — respondeu Benício.

— É longe! — Elizângela reclamou.

— De moto é rápido!

O bar citado ficava às margens da rodovia, lugar frequentado pelos jovens da cidade. Elizângela não gostou da escolha, mas não falou mais nada. Benício, antes de chegar ao bar, saiu da rodovia, entrou em uma estrada de terra que ia para uma fazenda e parou a moto.

— Por que parou? — perguntou Elizângela, com medo e arrependida de ter ido com ele.

— Você vem comigo? — perguntou Benício.

— Para onde? – quis a moça saber.

— Para um local onde podemos conversar sossegados.

— Não posso, vamos voltar, tenho de ir para casa, por favor.

— Você vai comigo! Senta na moto! – gritou ele.

Benício tirou o revólver do bolso, apontou para ela e sorriu, cínico.

— Mato você! Não fui solto, fugi e já matei cinco pessoas, uma a mais não fará diferença – mentiu o fugitivo.

Elizângela assustou-se tanto que tremia, não conseguiu falar, chorou, olhava-o assustada.

— Senta! Obedeça! – ordenou Benício.

Ele pegou uma cordinha que encontrara no porta-objetos embaixo do banco da moto, amarrou os pulsos dela na frente do corpo, com um lenço amordaçou-a, e jogou seus cabelos longos para frente, amarando-os para esconder a mordaça. Sentou-se na moto, amarrou os tornozelos dela nos dele. Levantou os braços da moça e se acomodou entre eles, deixando as mãos dela amarradas no seu peito, como se o abraçasse. Elizângela ficou presa a ele na garupa, pelos pés e pelas mãos. Benício ligou a moto fez a volta e rumou para a fazenda. A moça ficou apavorada, não conseguia se mexer presa a ele, nem gritar, por estar amordaçada. Entraram na propriedade Água Funda, mas ele não dirigiu para a sede, seguiu por um atalho que terminava em um morro. Escurecia, acendeu o farol e, com cuidado, foi subindo a encosta, até que parou a moto. Desamarrou seus pés presos nos dela. Desceu, ajudou-a a descer, colocou-a sentada no chão e amarrou os pés dela novamente e foi mexer na moto. Não falou nada, deixando a moça muito nervosa.

Os policiais procuraram pela moto roubada e tiveram informações de que a viram pela cidade, perto da lanchonete da escola, e um garoto afirmou ter visto Benício. Um sargento foi ao local, e o proprietário afirmou que viu o foragido e que ele deu carona para Elizângela. Ao saber, o delegado pediu reforço e foram enviados mais soldados a Água Funda. E três viaturas policiais da cidade saíram procurando-os.

Valter e as garotas jantavam quando os soldados chegaram. Elas se alarmaram. Um soldado chamou Valter para uma conversa particular e lhe contou o que sabiam.

– Elizângela! Meu Deus! Por que não lembrei disto antes? Não o julguei capaz! Benício é apaixonado por essa moça e estava chantageando-a.

Achou que não podia esconder a notícia e contou para as jovens. Pediu para Alzira ir à casa dos pais de Elizângela com um soldado e avisá-los. Fez sinal para Paula e Cássia irem com ele a outra sala. Lá, pediu:

– Paula, pergunta ao Shelton se ele sabe onde Benício levou Elizângela e, se ele não souber, que procure saber.

– Não estou vendo nem sentindo o Shelton – respondeu Paula.

– Sumir nesta hora! Chama por ele! – rogou Valter.

– Você pensa que é fácil? – perguntou a garota sensitiva. – Esses espíritos desencarnados vêm somente quando querem.

– Não tem no seu livro uma parte que ensina a chamar os desencarnados, evocá-los? – indagou Cássia.

– Tem, mas já tentei e não deu certo. Foi assim, uma vez tentei evocar minha mãe.

– Ela está viva, encarnada, por isso não veio – lembrou Cássia.

– Isso é verdade! – exclamou Paula.

– Você trouxe o livro? – perguntou Valter.

– Trouxe, está na minha mala, não me separo mais dele – esclareceu a médium.

– Por favor, vá buscá-lo e vamos ao escritório, chamaremos Shelton para que nos ajude.

– Será que Benício vai matá-la? – quis saber Cássia, preocupada e com medo.

– Nem quero pensar nisso – respondeu o moço –, mas não devemos esquecer que Benício assassinou Shelton e tentou matar Tiago. Vamos logo.

Depois que Paula buscou seu livro, foram ao escritório. Os três sentaram em frente a uma escrivaninha. Paula procurou no sumário a parte sobre evocações.

– Aqui está! – exclamou ela – o Capítulo 25, "Das evocações", vou ler: os espíritos podem...

– Paula! Por favor! O capítulo é enorme, vai lê-lo por horas! – exclamou a amiga, interrompendo-a.

– O assunto é muito importante, por isso Kardec explicou bem detalhado.

– Podemos ler em outro dia, não temos tempo – concluiu Cássia. – Acho que nós três devemos chamar Shelton assim: Shelton, por favor, venha até nós, venha nos ajudar com a permissão de Deus, de Jesus, do nosso anjo da guarda. Venha Shelton!

Os três o chamaram.

Shelton, quando decidiu ir com a mãe, teve o propósito de somente voltar quando estivesse adaptado e para rever o pai, o irmão e os amigos em uma visita rápida. Clarisse o deixou na colônia e, já no outro dia, ele foi para uma escola aprender como viver desencarnado e passou a ter tarefas. Naquele dia, estava cansado, sua mãe lhe dera muitas atividades, que preencheram todo o seu tempo. Estava se preparando para descansar, quando sentiu que o chamavam. Não quis sintonizar, mas foi ficando confuso, sentiu Valter, Paula e outra pessoa, que logo identificou ser Cássia, chamando-o, pedindo ajuda. Os orientadores da escola tentaram isolá-lo, porque Shelton começou a se desesperar, queria ir, mas sabia que não podia, passou a se debater, tiveram de adormecê-lo. Clarisse foi à Água Funda ver o que acontecia e se fez visível à médium, a Paula.

— *Por favor* — rogou Clarisse —, *parem com isso, não chamem Shelton assim!*

— Vamos parar — falou Paula. — Estou vendo uma senhora loura que está aflita e nos pede para parar.

— Pergunte quem é ela — pediu Valter.

— Não preciso perguntar, ela o escuta — explicou a médium. — Deixem-me escutá-la. Ela está dizendo que é para pararmos de chamar por Shelton, que ele foi embora para a espiritualidade e não volta mais. Está perguntando o que aconteceu.

— Como é essa senhora, Paula? — quis o moço saber.

— Não consigo vê-la direito — respondeu a sensitiva. — É alta, loura, parece ser boa, sinto que é. Ela está falando: Valter, filho de Zezinho, neto do Netinho.

— Meu Deus! É dona Clarisse, a mãe de Shelton! Ela sempre fazia esta rima para mim. Uma brincadeira. Meu pai era chamado por amigos de Zezinho, e meu avô de Neto, ou Netinho. Não vamos mais chamar por Shelton e eu vou contar o que aconteceu. Benício fugiu da cadeia e, conforme o que os policiais apuraram, ele sequestrou Elizângela, pois gostava ou gosta dela e a chantageava. Queríamos que Shelton nos dissesse para onde ele foi com Elizângela. — Fez uma pausa silenciosa. Ansioso, Valter pediu: — Fale, Paula, o que dona Clarisse está dizendo?

— Nada! — respondeu a médium. — Ela sumiu. Acho que foi ver se encontra Benício. Vamos orar! Oração ajuda sempre!

Uns minutos se passaram, e Paula voltou a falar:

– A senhora voltou, vejo-a, e está dizendo: Vocês encarnados precisam se esforçar para achar os dois. De fato, Benício está com Elizângela.

– Onde? – perguntou Valter.

– Onde você e Shelton se esconderam quando quebraram o rifle. – Paula suspirou e comunicou: – Ela sumiu, não a vejo mais.

– Você entendeu, Valter? – perguntou Cássia. – A alma deu pistas.

– Não é alma, Cássia – corrigiu Paula. – Alma é o nosso espírito quando está encarnado, quando o espírito vive sem o corpo físico é desencarnado.

– Não me corrija agora – replicou Cássia. – O assunto é sério!

– Quebramos o rifle! – contou Valter. – Shelton e eu uma vez mexemos no rifle do senhor José Antônio, que estava guardado trancado em um armário. O pai de Shelton não gostava que mexêssemos nas armas dele. Nós dois pegamos, quebramos e, com medo, escondemos. A caverna da montanha!

– O quê? Caverna? – indagou Cássia.

– É somente uma cava – explicou o moço. – Shelton e eu, em nossas brincadeiras, chamávamos o lugar de caverna. Na encosta do morro, local onde o senhor José Antônio pensa em desmatar, foi feito pelos trabalhadores da fazenda um buraco na vertical. Como foi abandonado, o mato cresceu, e ele ficou escondido. As pessoas daqui chamam o lugar de Cava dos Peões. Benício conhece a cava, deve ter ido para lá, ou esta é sua intenção, achando, e com razão, ser um ótimo esconderijo. Vou para lá, e já!

– Sozinho? Nunca! – exclamou Paula.

– Peça reforço e vá com os soldados – aconselhou Cássia.

– Vou conversar com meu padrinho, pedirei um rádio emprestado aos soldados.

Voltaram à sala. Ao vê-los, Fabiana perguntou;

– Onde estavam? Não é para ficarmos juntas?

– Por favor, me empreste seu rádio, preciso falar com o delegado – pediu Valter a um dos policiais que fazia guarda.

Deixaram Fabiana sem resposta. Valter pegou o rádio, conseguiu comunicar-se com seu padrinho, contou a ele o que Elizângela tinha lhe falado anteriormente, da chantagem, e que Benício era apaixonado pela moça e que tivera uma intuição de que o fugitivo fora para um esconderijo dentro da fazenda, conhecido por eles quando criança, e – mentiu – que um empregado escutara barulho de moto indo para aquela direção.

– Valter – determinou o delegado –, vou mandar reforços para Água Funda. Organize um grupo e, se possível, vá com eles, mas deixe um ou dois soldados na casa.

Os pais de Elizângela resolveram aguardar na casa sede. Estavam nervosos e aflitos. Valter também aguardou ansioso, pediu para Alzira fazer lanches e encher garrafas com café e água.

– Garotas – pediu ele –, vocês devem colocar colchões nesta sala central e durmam aqui, todas juntas.

A sala a que Valter se referiu era um grande saguão, a única que não tinha janelas ou portas para a varanda.

– Por que tudo isso? Acha que Benício pode vir para cá? – quis Fabiana saber.

– Não – respondeu o jovem –, soubemos que ele foi para outro local, isso é somente por precaução. Aqui estão protegidas. Fecharemos todas as portas, e somente irão ao banheiro acompanhadas. Devo sair logo mais.

– Se meu pai souber, processa o colégio! Será que não é melhor irmos para a escola? – perguntou Fabiana, nervosa.

– Lá é pior! – respondeu Eleonora. – Muito grande e sem ninguém. Não se apavore! Se seu pai se importasse com você, você não estaria aqui. O fato é que nossa família não se importa conosco. É melhor não causar mais problemas.

– É uma aventura! Teremos uma boa história para contar! Pelo menos não será como das outras vezes em que somente escutamos. Estas férias estão sendo realmente diferentes! – exclamou Luciana.

– Por favor, Valter, nos ajude! – interrompeu a mãe de Elizângela, muito preocupada.

– Senhora, Benício ama sua filha e com certeza não lhe fará nada de mal. Temos quase certeza de que ele foi com Elizângela para a cava. Isso mesmo, deve estar indo para aquele vão aberto há muito tempo, no morro, pelos peões da fazenda. Estou esperando reforços e quando estes chegarem, iremos para lá.

– Salve nossa filha! – rogou a senhora.

– Eu vou junto! – determinou o pai da sequestrada.

– Não – respondeu Valter. – O senhor ficará aqui. Iremos de jipe até determinado ponto, depois teremos de caminhar bastante. Está nervoso e poderá atrapalhar na negociação.

"Será que levo a arma, o revólver do senhor José Antônio? Ou deixo?", pensou Valter. "Ficarão aqui dois soldados armados, não precisarão de mais armas na casa. Será que não serei tentado a atirar nesse assassino? Se eu vir Benício, resistirei à tentação de matá-lo? Assassinou Shelton, ia matar Tiago, e agora sequestrou Elizângela. Não estando armado não terei como matá-lo. Que tentação! Não sou assassino nem quero ser. Como às vezes temos vontade de eliminar alguém! Isto é triste! É melhor deixar a arma".

Os soldados chegaram, os empregados que moravam na fazenda, com medo, vieram para a casa. Valter chamou um empregado que conhecia desde menino e lhe deu a arma.

– Fique com ela ao seu alcance, acho que não irá precisar, mas.... tenha cuidado!

– Terei sim – afirmou o empregado. – Sei atirar e usar o revólver, fique tranquilo, tomarei conta de todos. Mas se Benício aparecer por aqui e se eu sentir que estamos ameaçados, atiro nele!

– O padrinho de Valter quis falar com ele pelo rádio. Não vamos narrar o procedimento que falar por este aparelho acarretava, na época.

– Valter – pediu seu padrinho –, leve os soldados até o local, tenha cuidado, o fugitivo deve estar armado. Uma arma foi roubada na fuga e temos quase certeza de que foi ele. O sargento Nestor é que negociará. Benício deve estar com raiva de você, não o deixe saber que está junto.

Desejou êxito e desligou. Valter, com um grupo de seis soldados saiu em um jipe, rumo à Cava dos Peões.

Benício, de vez em quando, olhava para Elizângela, que estava sentada, encostada em uma pedra, olhando-o sem conseguir se mexer. O fugitivo demorou a desmontar o farol da moto, por não ter ferramentas, tendo cuidado para não danificar, também por estar escuro. A claridade vinha somente da lua crescente. Quando terminou, sentou-se ao lado dela, descansou uns minutos, depois acendeu a lanterna improvisada, sorriu por ter dado certo.

– Vamos subir, minha querida. Vou desamarrar seus pés.

Com a corda que amarrara os pés da moça, ele deu um nó no pulso esquerdo dela e segurou a outra ponta. Ajudou-a a levantar e, puxando-a, foi subindo a encosta.

Elizângela desesperou-se. Queria gritar, xingá-lo, avançar e bater nele, mordê-lo, estava revoltada. Caiu duas vezes, machucando-se, estava cansada, com sede, desesperada e com muito medo. Ela achou que ele se perdera por duas vezes, mas depois de duas horas caminhando, Benício suspirou aliviado e exclamou:

— Aqui está nosso abrigo! A Cava dos Peões!

Entraram. Ele colocou a lanterna acesa no chão e limpou um local, fez com que Elizângela se sentasse, observou bem a cava, tirou uns galhos secos, amarrou os pés dela novamente e avisou:

— Vou pegar água!

Ali perto havia uma nascente. A moça viu seu algoz pegar uma garrafa entre os galhos e sair.

Elizângela torceu tanto as mãos na tentativa de se libertar que ela sangrava.

"Ore! Em dificuldades, ore!"

Esse pensamento veio tão nítido em sua mente, que lhe pareceu que ouvira. Então, Elizângela pôs-se a orar, a rogar ajuda de Deus, de Jesus e dos santos.

Clarisse, quando veio ver o que acontecia, ao conversar com Paula, quis ajudar. Conhecia Elizângela desde bebezinho, sempre gostou da garota. Ao afastar-se, quando a médium disse que não a via mais, Clarisse concentrou-se em Elizângela, e a sentiu. Viu que Benício se dirigia com ela para a Cava dos Peões. Mas como dizer isso à sensitiva? O médium, normalmente, se não é inconsciente, tem dificuldades para repetir o que desconhece e, depois, nem tudo o desencarnado pode dizer. Acabou lembrando de uma arte dos garotos, do filho com Valter, e deu a pista. Aliviada, viu que o amigo de seu filho entendeu. Foi então para perto de Elizângela e Benício. Quando a sequestrada começou a orar, pôde tranquilizá-la. A moça acalmou-se orando e concluiu:

"É melhor aliar-me a ele! Benício está louco, perturbado. Se ele pensar que estou do seu lado, não me fará mal. Ele deve

ter fugido, a polícia deve estar procurando-o. Eu já deveria ter chegado a casa e vão procurar por mim. O dono da lanchonete nos viu. Valter sabe que Benício me chantageava. Ele deixou pistas, a moto, as pegadas, vão nos achar. E se eu conseguir fingir que concordo com ele, que o amo, não me fará mal. É isso! Farei isso! Pai Nosso..." – continuou rezando.

Benício retornou com a garrafa cheia d´água. Elizângela fez sinal que queria beber. Ele lhe tirou a mordaça. Ela, mesmo com os pulsos amarrados à frente do corpo, pegou a garrafa e bebeu a água e exclamou:

– Obrigada, querido!

Ele ia amordaçá-la novamente, parou, olhou-a estranhando. Elizângela, achando que poderia dar certo e que deveria se esforçar para manter a calma, perguntou:

– Benício, querido, você está fazendo tudo isto por amor a mim? – Como ele ficou parado olhando-a, ela continuou: – Que prova de amor! Sempre quis ser amada assim! Minhas amigas vão me invejar quando eu lhes contar. Benício, meu querido!

O rapaz sentou-se ao lado dela, passou as mãos pelo lenço que servia de mordaça, querendo entender. Ficaram por instantes em silêncio. Ela voltou a falar:

– Sempre quis ser amada dessa maneira. Que maravilha! Sonhei sempre que meu príncipe me roubasse em um cavalo. Não foi em um cavalo, mas em uma moto!

– Você está me enrolando? – perguntou ele. – Até agora estava desesperada.

– Faz parte da minha fantasia. Depois, não estava desesperada. Não podia falar.

– Você gosta mesmo de mim?

– Claro!

– Você me ama? – indagou o rapaz, esperançoso.

Elizângela esforçava-se para mentir e, como percebeu que estava conseguindo enganá-lo, continuou:

– Amo! – respondeu a sequestrada. – Sempre o amei, mas achava que você não era capaz de demonstrar que me queria o bastante para fazer uma loucura por mim.

Se Benício não estivesse tão apaixonado, não teria acreditado, mas a paixão quase sempre impede a pessoa de raciocinar corretamente. Um ditado popular que diz que a paixão deixa cego e surdo faz sentido. Ressalvo aqui o sentimento da paixão, não do amor, porque o amoroso quer o bem-estar do ser amado acima até do seu. Sentindo-se feliz, amado, passou as mãos pelo rosto dela. Elizângela esforçou-se muito para permanecer imóvel, fechou os olhos para que ele não visse o pavor que deveria estar refletido neles.

– Elizângela, meu bem! Como estou feliz!

"Fale! Fale bastante! Invente planos!"

Elizângela pensou, mas Clarisse é que tentava influenciá-la. Ela pôs-se a falar:

– Vamos nos casar. Quero casar com um vestido branco com cauda. Passaremos a nossa primeira noite no seu barco no lago. Sonhei tanto com isso! Lá é que teremos a nossa primeira noite de amor.

– Por que não aqui? Agora? – perguntou o moço.

Elizângela estremeceu, ia se apavorar, mas, sem entender bem o que estava fazendo, falou:

– Querido! Não quero que nossa primeira vez seja aqui, em um local sujo. Estamos machucados e cansados. Não! Será no barco, estaremos limpos e bem-vestidos. Quero estar linda somente para você!

Benício sorriu. Feliz, acompanhou os planos dela. Deitaram-se pertinho e adormeceram.

Valter, com o grupo, foi de jipe até onde conseguiram. Então, tiveram de descer e ir andando. Acenderam as lanternas. O rapaz foi à frente, pois conhecia o caminho. Andaram em silêncio. Um dos soldados logo achou uma pista.

— Aqui passou uma moto, e recentemente. E essa marca indica que a moto está pesada: duas pessoas, certamente.

— Estamos no caminho certo – disse um outro soldado. – Espero que seja o sequestrador, com a moça.

18

O desfecho

VALTER FOI DANDO NOTÍCIAS AO seu padrinho pelo rádio:

— Encontramos a moto que foi roubada. Ao lado da moto achamos um local em que uma pessoa ficou sentada. Ela deve estar bem, não há sangue. Avisem na casa, os pais da moça devem ser tranquilizados.

Seguiram as pegadas, Valter percebeu que Benício se enganou por duas vezes quanto ao caminho a seguir. Preferiu seguir os rastros porque ele poderia ter ido para outro local. Começava a clarear quando Valter informou os companheiros:

— A Cava dos Peões é logo ali. O mato impede de vê-la. O que faremos?

— Vou informar o delegado – disse o sargento. Benício está armado, poderíamos surpreendê-lo, mas, se não conseguirmos, ele pode atirar em nós ou matar a moça.

Conversaram e decidiram ficar escondidos diante da cava, a uma certa distância, e negociar com Benício. Valter resolveu ficar bem escondido, isso para não irritar o fugitivo.

Benício acordou, olhou para Elizângela, que dormia. Ela estava com as mãos amarradas.

"Ela não tentou fugir, ela me ama! Vamos casar e sermos felizes! Mas será que quero casar? Resolverei isso depois. Acho que não teremos nossa noite de amor no barco no lago, mas sim uma manhã de paixão na cava."

Escutou um barulho. Com cuidado, apagou a lanterna. Não teve dúvida, alguém estava lá fora. Levantou-se com a arma na mão, andou devagar e atento. Viu vultos e atirou por duas vezes.

Elizângela acordou assustada, levou alguns segundos para entender o que se passava. Ia gritar, mas se conteve e pensou:

"Consegui enganá-lo e devo continuar."

– O que aconteceu, querido? – perguntou baixinho.

– Acho que tem alguém lá fora – respondeu ele.

– Não será um animal? – indagou Elizângela.

– Não sei!

A sequestrada se animou, com certeza era a polícia que os encontrara. Mas não podia esquecer que Benício estava armado e que poderia matá-la. Falou, se esforçando para aparentar tranquilidade:

– No que posso ajudar, meu querido?

– Você me ajudaria? – perguntou Benício.

– Claro! Faço o que mandar.

Benício riu e depois respondeu:

– Acho que são policiais, só não digo que estamos cercados porque este lugar só tem esta entrada ou saída. Como atirei, eles não entrarão aqui.

– Vou beber água. Tem pouco na garrafa. Vamos dividir, metade para cada um.

Elizângela pensou que poderia distraí-lo e correr para fora, mas logo entendeu que não daria certo. Se corresse seria alvo fácil. Resolveu aguardar. Ouviram a voz de um homem.

– Benício, sou o sargento Nestor, estamos aqui em missão de paz. Queremos saber da moça e quero que se renda.

– Eles acham que eu sou bobo! – exclamou Benício, baixinho, para Elizângela. – Não vou responder.

A moça, por não saber o que falar, resolveu ficar quieta, e o sargento insistiu:

– Você ficará sem munições, com fome e sede, e nós aguardaremos. Em um vacilo seu, entraremos aí. Não é melhor se entregar?

Benício atirou duas vezes, sem ferir ninguém, e xingou em resposta. Cinco horas se passaram. Chegaram mais reforços. Agora, eram vinte homens cercando a cava. Veio um comandante para negociar.

– Comandante – opinou um soldado –, não seria melhor chamar a mãe dele e o irmão, para convencê-lo a se entregar?

– Os dois estão hospitalizados por causa dele – respondeu o comandante. Ele quis matar o irmão e, se o vir, é capaz de atirar no garoto. Vamos ter de cansá-lo.

Todos os envolvidos estavam muito tensos. Os pais da sequestrada oravam em desespero, as garotas sentiam muito medo, Valter queria salvar Elizângela. Benício tentava encontrar uma maneira de se safar, e a moça achava que ia morrer, só se tranquilizava um pouco quando orava, e aí se sentia em condições de raciocinar ou receber a influência de Clarisse. E foi por ser instruída que se queixou:

– Querido, estou com fome e sede!

– Não reclama! – respondeu ele, aborrecido.

– Não estou reclamando, é que tive uma ideia, vamos enganá-los.

– Como?

– Eu falo a eles que estou viva, bem, e que quero água e comida. Para trazerem e colocarem ali, naquela pedra, que eu, sob sua mira, vou pegar.

– Você não está me enganando? Porque se estiver, daqui onde estou, você é alvo fácil, atiro em você para matar.

– Quando você vai acreditar que estou do seu lado? Não vou enganá-lo.

– Pode falar com eles – decidiu Benício.

– Soldados! – gritou ela. – Sou Elizângela, estou bem. Benício quer água...

Falou o combinado. Pediu para desamarrá-la, e ele o fez. Ela quis fugir, mas teve medo. Benício a mataria, era só ter paciência agora. Ele iria dormir e ela fugiria.

– Pronto! – exclamou Elizângela. – Deu certo! Vamos comer e beber, meu querido.

Benício sorriu, acabaram suas dúvidas de que Elizângela queria enganá-lo. Avisaram os pais dela que, mesmo preocupados, ficaram aliviados por saber que ela estava bem.

– Chegaram mais pessoas – informou Benício. – Estamos encurralados.

À tarde, ele estava cansado de ficar vigiando. Temia que alguém se aproximasse e, em um descuido seu, invadisse a cava. Em mais algumas horas seria noite.

– Benício – disse Elizângela –, vou dormir, depois revezaremos, você dorme e eu vigio.

– Vigiá-los à noite é difícil. No escuro não dará para vê-los – comentou Benício.

– Tenho medo do escuro – queixou-se a moça. – Meu bem, por que eles o perseguem? Será que eles acham que você me sequestrou? Posso dizer a polícia que não, que vim com você porque quis, porque o amo. Ninguém viu você me obrigando. Estávamos namorando quando eles vieram nos importunar.

— Há mais acusações! – Benício suspirou.

— Que ia envenenar Tiago? Sair desta é fácil! Eles não acusaram dona Ivany primeiro? Pois então, serei testemunha, direi que a vi colocando o pó no suco de Tiago ou algo assim. Você diz ser inocente, e eu afirmo que vi dona Ivany. Eles não têm mais provas. Acreditarão.

— Será? – perguntou Benício. – Recebi-os à bala! Atirei neles!

Elizângela, sem entender o porquê de estar falando daquela maneira, foi dizendo o que vinha à mente, ou seja, mesmo sem compreender, repetia o que Clarisse lhe intuía.

— Isso será mais fácil ainda de explicar. Diremos que alguém, invento um nome, um homem está apaixonado por mim, que achamos que era ele que nos perseguia, por isso você atirou.

— Não sei! Será que acreditarão?

— Talvez não, mas não há provas. Se eu disser que vim com você porque quis, não existe sequestro. Se afirmar que vi dona Ivany colocando o pó nos alimentos de Tiago, vão ter de acreditar. Quanto à sua fuga, diga que foi obrigado, que um dos presos o ameaçou, que você ia voltar para provar sua inocência.

Elizângela foi convencendo Benício. Clarisse tivera permissão de ficar ali com os dois e, contente, percebeu que conseguia influenciar a mocinha. Benício e Elizângela planejaram com detalhes e resolveram agir.

— Vou sair! – gritou a sequestrada. – Não atirem! Vou sair sozinha e conversar com vocês.

— Prestem atenção! – gritou Benício. – Elizângela vai se encontrar com vocês, vai negociar. Quero vê-los daqui. Ela terá de voltar com todas as exigências atendidas.

– Tudo bem! – respondeu o comandante. – Certificando-nos de que a garota está bem, vamos atendê-lo.

Elizângela levantou as mãos, jogou um beijo para Benício e, andando devagar, saiu da cava, indo na direção de onde escutava vozes. Benício ficou olhando-a com a arma em punho, pronto para atirar. O grupo de policiais ficou atento e silencioso, viram a moça sair e caminhar em direção a eles. Quando se distanciou uns vinte passos, o comandante do grupo falou baixo para ela ouvir:

– Aqui, menina! Venha nesta direção! Não corra! Continue andando! Venha devagar!

Elizângela teve ímpeto de correr, refugiar-se nos braços de alguém para que a protegesse, mas continuou andando, orientado-se pela voz.

– Devagar! Cuidado, aí tem pedras! Olhe onde pisa! Venha!

Benício, de onde estava, escutava sussurros. Entendeu pouca coisa, continuou mirando-a.

"Eles não atirarão nela! Elizângela os convencerá. Garota esperta!"

– Abaixa as mãos! – ordenou um policial.

Elizângela abaixou e foi puxada.

– Caia! Abaixe-se!

A moça foi ao chão, amparada por fortes mãos. Foi então que ela viu três homens apontando armas para a cava.

– Você está protegida! Não tenha medo! Arraste-se! Agora você não é mais alvo!

Arrastaram-na até uma grande pedra.

– Sente-se aqui! – ordenou o comandante.

Elizângela ficou parada, queria falar, não conseguiu, então viu Valter.

– Valter! – gritou ela.

A moça abriu os braços, e o amigo abraçou-a.

– Calma, Elizângela! Calma! Agora tudo está bem!

Benício, que observava atento, viu-a sendo puxada. Achou que os policiais pensavam estar salvando-a. Riu e pensou:

"Minha amada conversará com eles, negociará. Sairemos desta!"

Mas, ao escutá-la gritar "Valter!", estremeceu.

– Garota esperta! – resmungou Benício. – Talvez até demais! Valter está lá! O herói! Safado, agora vou matá-lo. Vou exigir que ele se levante e fique na frente da cava, e aí atiro nele.

Elizângela começou a chorar alto, tremia, e Valter teve de ordenar:

– Pare, Elizângela! Calma! Agora está segura!

– Elizângela! – gritou Benício. – Quero vê-la! Levante-se e fique na frente da cava! Converse com os policiais! Quero vê-la!

A moça arregalou os olhos, parou de chorar. Valter segurou suas mãos e afirmou:

– Você está protegida. Não precisa fazer mais nada que ele manda.

– Meus pais! – exclamou Elizângela.

– Cabo Leonel, avise pelo rádio que recuperamos a refém. Que ela está bem – falou o comandante ao subordinado. Depois, a Elizângela: – Tudo está sob controle. Fale, por que ele a deixou sair? Veio negociar?

– Não! – respondeu ela. – Enganei-o! Benício me matará quando souber que menti.

Rápido, falando sem sequência, Elizângela contou o que aconteceu. Benício escutava-a sem entender direito. Gritou várias vezes:

– Elizângela, quero vê-la! Fale tudo o que combinamos. Que nos amamos! Que você veio comigo porque quis.

– É mentira! – a moça gritou alto.

– Você mentiu! – xingou-a, aos gritos.

Atirou na direção em que estavam, as balas chicotearam na pedra.

– Vocês dois descem com a moça, vão para os carros.

– Valter! – exclamou Elizângela, chorando.

– Valter! Valter! Maldito! Sempre você no meu caminho! Vem me enfrentar! Covarde! Está escondido atrás dos policiais – Benício gritou, esbravejando ofensas.

– Elizângela, desça com eles, por favor – pediu Valter.

– Você não vai fazer o que esse louco quer, não é? – perguntou a moça, preocupada.

– Claro que não! – afirmou o ex-policial. – Benício não tem mais o que negociar. Terá de se entregar. Não terá água, alimentos e terá de dormir. Fique tranquila!

Os três, Elizângela e dois soldados, desceram o morro.

– Agora vou tentar fazer com que Benício se entregue, informou o comandante ao grupo, e gritou: – Benício, você não tem o que negociar. Elizângela já está a caminho da Água Funda. Você está cercado. Estamos acomodados, temos água, comida, temos como nos revezar e você não. Entregue-se. Como a refém não sofreu nada, tudo fica mais fácil.

O comandante falou por minutos. Benício permaneceu quieto. O policial voltou a falar por mais duas vezes.

Benício estava raivoso por ter sido enganado por Elizângela, por ter confiado nela, estava com raiva da polícia e por seus planos não terem dado certo. A voz do comandante não o deixava pensar, e ele tinha de achar uma saída.

"Escolhi a Cava dos Peões pensando erroneamente que aqui estaria seguro. Esqueci do Valter, este intruso atrapalhou tudo! Não tenho como sair sem ser visto. Eles estão certos, sem me alimentar posso fica alguns dias, mas não sem tomar água. E dormir? Quanto tempo resistirei?"

– Comandante! – gritou Benício. – Quero ver Elizângela. Vocês a prenderam?

– Não – respondeu o comandante –, sua refém está a caminho da casa dela.

– Ela não negociou com vocês? O que minha namorada lhe disse?

– Não falou muita coisa – respondeu o comandante. – Elizângela está traumatizada, muito nervosa, quis a mãe.

– O senhor está mentindo! Elizângela não me enganou! Quero o Valter! Para me entregar, quero que Valter venha aqui.

Valter ia responder, mas o comandante o impediu com um gesto e respondeu:

– Benício, essa pessoa que você exige desceu também, foi embora, ele somente nos trouxe aqui. Alguém viu uma moto vindo para cá e nos comunicou. Ele não é mais policial, não tem por que ficar aqui. Mandei-o embora. Também não gosto dele.

– Está mentindo, comandante? Não sou tolo! Fale: como devo sair daqui? – Benício perguntou, raivoso.

– Deixe a arma ou jogue-a para cá e, desarmado, saia com as mãos para cima. Teremos de levá-lo à delegacia, porque fugiu. Sabemos que você foi obrigado a fugir. Um dos capturados contou que abriu a cela e mandou-os sair. Prestará depoimento e, entregando-se, ficará mais fácil para você.

– O senhor e a polícia não são tão bonzinhos assim. Chame Valter pelo rádio, quero entregar-me a ele. Não gosto desse cara, mas conheço-o, e ele não sabe mentir como o senhor.

– Para fazer isso, terei de consultar meu superior – respondeu o comandante. – Mas confie em mim, não vamos atirar em você, não queremos feri-lo. Se quiséssemos, poderíamos invadir a cava. Estamos com coletes nos protegendo. Por que você quer Valter? Vai atirar nele?

– Se isso acontecesse, livraria o mundo de um ser desprezível e intrometido! – gritou Benício.

– Comandante – pediu Valter, baixinho – pergunta a ele se fez isso com Shelton.

– Você fez isto com Shelton? Tirou do mundo um ser inútil?

– Qual é, comandante? Quer que eu confesse? – perguntou Benício e deu uma risada, demonstrando nervosismo.

Valter foi falando baixinho, e o comandante repetiu:

– Benício, agora, com as investigações, temos testemunhas, viram você mexendo no carro de Shelton. Alzira viu-o colocando um pó no suco de Shelton na noite em que ele morreu. Você o matou?

– É mentira! – exclamou Benício, gritando. – Ninguém me viu! Tudo o que faço é perfeito!

– Perfeito demais! Tanto que somente agora descobrimos que foi você, porque confessou.

– Não confessei nada! Quero Valter! Ou ele vem aqui me buscar ou me mato.

– Comandante, será que ele se suicidará? Não é melhor eu ir? – perguntou Valter, aflito.

– Está louco? – respondeu o comandante em tom baixo. – Quer ser herói morto? Ele quer matá-lo. Posso pedir a Benício para jogar a arma e você ir, mas quem garante que ele não tem outra arma? Elizângela poderia responder, mas desceu. Eu não vou me arriscar, lhe perguntando isso pelo rádio. Se ele tiver outra arma e ela não viu? Você não vai, é uma ordem! – Gritou: – Benício, meu chefe não autorizou a subida de Valter. Entregue-se! Não quero feri-lo!

Benício atirou quatro vezes.

– Deve ter descarregado o revólver, vamos entrar! – ordenou o comandante.

Benício tinha somente duas balas no tambor. Viu onde havia movimento, policiais se arrastando, indo em direção à cava. Eles tinham escudos.

"Não tenho como atingi-los, tudo está perdido!", pensou. "Vão me prender, sabem tudo o que eu fiz. Malditos! Não devo deixá-los me pegar. Se tivesse mais balas, atiraria neles e, com certeza, eles me matariam. Se vou morrer, é melhor não desperdiçar munição."

Apontou para sua cabeça e apertou o gatilho.

– Benício! Benício! – gritou o comandante e ordenou: – Vamos entrar!

Levantaram-se e correram, se protegendo com os escudos. Não ouviram mais nada. Ao entrar na cava, viram-no agonizando.

– Não mexam nele! – alertou o comandante. – Ele está morrendo! Que Deus tenha piedade de sua alma. Avisem o delegado e chamem a polícia técnica.

Valter olhou-o e sentiu pena.

– Comandante – comunicou Valter –, vou descer, não quero ficar aqui.

– Obrigado, Valter, ajudou-nos bastante. Você não poderia evitar, Benício o mataria e, depois, a si mesmo.

– Sei disso – respondeu o moço.

Valter desceu rápido, encontrou Elizângela no carro e os dois soldados que a acompanhavam.

– Vou para a fazenda com Elizângela – informou ele.

Os policiais subiram o morro para se juntar com seus companheiros, e ele dirigiu-se para a sede.

– O que aconteceu com Benício? – quis saber a moça.

– Continua na cava, o comandante ficou lá. Tudo dará certo.

Ele resolveu não contar para ela o que aconteceu, achou melhor a moça saber depois.

Na casa, todos estavam aflitos, aguardando. Passaram a noite acordados, com medo. Clareou e ninguém saiu da casa. Quando receberam a notícia de que Benício estava com Elizângela na Cava dos Peões, ficaram apreensivos, mas, sabendo onde o criminoso estava, não precisaram ficar mais presos na casa. Os pais da sequestrada queriam ir para lá, mas o policial não deixou. Quando receberam a notícia de que Elizângela estava a salvo, foi um alívio. E quando ela chegou com Valter, todos queriam saber o que acontecera. O moço correu para abraçar a namorada, que exclamou feliz:

– Graças a Deus você está a salvo! Senti muito medo por você. Achei que Benício poderia querer matá-lo. Ele foi preso?

Vendo que Elizângela estava abraçada sendo confortada pelos pais, o ex-policial resolveu não esconder nada e esclareceu:

– Benício, sabendo estar encurralado e depois de ter quase confirmado que matou Shelton, tendo somente duas balas, e com o comandante ameaçando entrar e prendê-lo, ele se matou.

Ninguém foi hipócrita para lamentar, porém sentiram o desfecho trágico. As garotas apiedaram-se e oraram por ele. As meninas voltaram para o alojamento. Neuza e Valter foram com elas, os empregados retornaram às suas tarefas. Elizângela foi levada ao médico. Como estava bem, voltou para casa. Na cava, a polícia técnica chegou, e o corpo de Benício foi liberado e levado para o velório. Da família, somente Magda foi velá-lo.

O senhor José Antônio contou os acontecimentos para Tiago, tentando suavizá-los, sem esquecer que os dois eram irmãos. Ninguém da fazenda foi ao enterro, nenhum colega de trabalho estava presente, somente curiosos, e poucos lembraram de orar.

Benício, quando atirou, estava desesperado, sentiu o ferimento e uma dor muito forte. Seus atos errados vieram à mente, a inveja que sentia da família do padrasto, os crimes que cometeu e, depois, somente a dor alucinante.

Ficou muito perturbado, achava que não morrera. De fato, foi somente o corpo físico que, por sua imprudência, foi impedido de continuar com suas funções. Não conseguia dominar seus pensamentos, lembranças de seus atos vinham-lhe à mente, os poucos atos bons eram ofuscados pelas suas ações erradas. As recordações iam e viam. Até quando lembrava do dedo apertando o gatilho, a dor tornava-se mais forte e aguda. Viu fechar o caixão, a escuridão, não escutou mais nada, tudo ficou muito confuso, o desespero era tão grande que pensou que ia enlouquecer, mas as lembranças continuaram, sentia fome, sede, frio e começou a sentir os vermes a roê-lo.

19

E assim foi...

OS HÓSPEDES DA FAZENDA, CANSA-dos e aliviados, dormiram tranquilos e, no dia seguinte, saíram para passear, jogaram. Valter e Paula namoraram, conversaram muito e descobriram que realmente tinham gostos parecidos e queriam as mesmas coisas.

Na sexta-feira na hora do almoço, o senhor José Antônio retornou com Tiago. O garoto estava diferente, com a aparência saudável. Assim que chegou, foi ver Valter, abraçaram-se.

– Amigão! – exclamou Tiago. – Obrigado, amigo! Papai me contou tudo. Inclusive que está namorando a Paula e que ela vai trabalhar com ele.

Foram almoçar todos juntos, e o senhor José Antônio avisou:

– Recebi recado da diretoria da escola que hoje à tarde duas professoras virão buscá-las. Paula, meu advogado me afirmou que até quarta-feira da semana que vem estará resolvida sua saída do internato. Mandarei buscá-la na escola e irá para um apartamento que tenho, é perto da firma, onde morará o tempo que quiser. Começará logo a trabalhar.

– Obrigada, senhor José Antônio. Não sei como agradecer-lhe!

– De nada! Eu também tenho muito que agradecer-lhes: a você, ao Valter e à Cássia. Meninas, quero pedir desculpas pelas férias tumultuadas.

Riram e conversaram animados.

– A Cava dos Peões desaparecerá? – perguntou Tiago. – Com o projeto de fazer ali um condomínio de chácaras, a cava será tampada?

– Senhor José Antônio – pediu Paula –, desculpe-me por me intrometer, mas o senhor não tem pena de se desfazer daquela mata nativa?

– Era um projeto de Benício – respondeu o senhor José Antônio –, vou engavetá-lo. Não! Acho que não vou guardá-lo, vou rasgá-lo. O projeto iria me render muito financeiramente, mas não quero somente visar ao lucro. A mata continuará lá e a cava também. Vou cuidar das trilhas e abrir outras, para passeios ecológicos. Farei o condomínio em outra área, mais perto da cidade, onde, infelizmente, já está desmatado e é um pasto. E pretendo plantar nesse condomínio muitas árvores frutíferas.

– Que alívio! – exclamou Paula, suspirando. – Devemos cuidar do planeta Terra, se quisermos ter onde morar. Todo abuso tem consequências trágicas.

– Estudei sobre isso, papai – opinou Tiago. – Usamos mais água do que necessitamos, nós a desperdiçamos porque a temos com facilidade, mas ela poderá acabar. Não estamos dando valor à natureza. Devemos cuidar do solo, da água, e estou contente porque o senhor decidiu preservar a mata. Se deixar, vou cuidar dela.

– Tem a minha permissão, pode cuidar da mata – autorizou o pai.

– Maravilha! Vou pedir ajuda ao meu professor de ciência, que é botânico. Quero plantar mais árvores, flores, e fazer do local uma floresta que, de tão linda, será encantada.

Valter e Paula resolveram ficar juntos até na hora de ela ir embora. À tarde, vieram duas professoras para buscá-las. As meninas despediram-se do anfitrião, dos empregados, de Tiago, de Valter, agradeceram e voltaram para o internato.

O senhor José Antônio chamou Valter para uma conversa a sós no seu escritório.

– Já sei de tudo. O comandante e o delegado, seu padrinho, me contaram da investigação, do seu empenho e de como ajudou a polícia.

– Estou aliviado por conseguir provar que Shelton não era usuário de drogas.

– Devo desculpas ao meu filho. Será que um dia poderei pedi-las?

– Se o senhor pedir com sinceridade, Shelton sentirá, e acho que já o desculpou – assegurou o moço.

– Você acredita mesmo nisso? Poderei pedir perdão ao meu filho e ele saber? Ainda não entendi bem como aconteceu o intercâmbio de Shelton com a garota sensitiva. Sua tia-avó era espírita, você agora seguirá o Espiritismo? – quis saber o senhor José Antônio.

– Vou frequentar um centro espírita, ler, estudar para entender. Acho que o Espiritismo tem muita lógica. É bom compreender para acreditar – respondeu Valter.

– Já mandei arrumar um apartamento para Paula morar – informou o proprietário da Água Funda. – Ela começará trabalhar comigo. Meu advogado já entrou em contato com o tutor dela, e ele ficou de assinar os documentos na terça-feira. Acho que poderemos buscá-la na quarta-feira, como combinei com ela. Você quer mesmo ser investigador? Não quer trabalhar comigo?

– Quero ser detetive, é o que gosto de fazer – respondeu o jovem. – Agradeço sua oferta de emprego. Não dei certo como policial por discordar de alguns métodos que eles usam.

– Vamos combinar, então: você tenta, se não der certo, venha conversar comigo. Você tem compromisso no dia quinze?

– Não, acho que não – respondeu Valter.

– Vamos deixar marcado, dia quinze, às treze horas, no cartório de Campo Alto, nos encontraremos lá.

– Posso saber por quê?

– Claro, você estará comprando um sobrado meu – respondeu o senhor José Antônio.

– Impossível, não tenho como comprar nada.

– Tem sim, você recebeu indenização, juntou dinheiro.

– Mas gastei-o! – lembrou Valter.

– Não gastou, você usou-o a meu serviço.

– De qualquer maneira, não teria dinheiro para tanto.

– Não discuta! – exclamou o proprietário da casa, sorrindo. – Já está decidido e, como sabe, não gosto de ser contrariado.

O senhor José Antônio fez um gesto com a mão, que Shelton e ele conheciam bem, era como se dissesse: assunto encerrado! Não há o que discutir!

– Valter! – voltou o senhor José Antônio a falar: – Não tem preço o trabalho que fez por mim. Voltar a acreditar que Shelton era uma boa pessoa me tranquilizou, e ter impedido Tiago de ser assassinado foi sensacional. Passarei o sobrado para o seu nome, você comprará todos os móveis e equipamentos. Poderá usar o térreo para seu escritório e morar em cima, onde tem um bom apartamento. E aqui está a chave do meu carro, tenho dois e resolvi vender um para você. Fique com ele e esteja à vontade para trocá-lo se achar que não é ideal para seu trabalho. Queria lhe dar dinheiro, mas não disponho dele no momento, pois tive de emprestar para meu genro. Acredito que ele começará a me pagar no ano que vem. Maísa me escreveu, dizendo que estão saindo da crise.

— Não sei o que falar — gaguejou Valter.

— Então não fale nada, aceite!

— Obrigado!

— Fez um bom trabalho e, se for competente nos próximos, terá muito sucesso — concluiu o senhor José Antônio.

Na Água Funda, tudo voltou ao normal. Tiago se recuperou rapidamente e Magda também, embora ela aparentasse estar muito triste. O senhor José Antônio doou tudo o que era de Benício, até o mobiliário do seu quarto. Valter, aproveitando o carro que ganhara, foi com ele à cidade e começou a organizar a mudança. E resolveu procurar Lalá, a mãe de Paula. Ela o recebeu em seu escritório.

— Senhora, Paula já sabe de tudo, que é a mãe dela e que está viva.

— Como ela ficou ao saber? — perguntou a mulher.

— Chocada, acho — respondeu Valter. Ela irá sair do internato, já arrumou um emprego.

— O que você é dela?

— Namorado — respondeu o moço, tranquilamente.

— Poderei ajudá-la? Será que minha filha vai querer minha ajuda? — Lalá indagou, preocupada.

— Acho que não. Dona Lalá, Paula necessita conversar com a senhora, embora ela afirme que não quer vê-la. Acho necessário que conversem, que conte tudo a ela, o que aconteceu no passado. Minha namorada se sentirá melhor conhecendo toda a verdade. Ela sairá na quarta-feira da escola, e certamente não virá aqui. Que tal se encontrarem em um restaurante?

— Temo revê-la!

— Não acha que é preciso ter esse encontro?

— Marque o encontro que irei — afirmou Lalá.

Valter despediu-se e aguardou inquieto a quarta-feira, para ir buscar sua amada no internato.

As meninas retornaram à escola, e dona Suely, uma professora do colégio, chamou-as para uma conversa:

— Meninas, terão de passar o resto das férias aqui. Foi permitido que dona Neuza as levasse duas vezes por semana, à tarde, a cidade. Vamos nos organizar para passar esses dias da melhor maneira possível. Os proprietários da escola estão viajando e, quando chegarem, terão, com certeza, nova diretora.

— Será que seremos castigadas por termos ido à fazenda? — perguntou Júlia, preocupada.

— Claro que não! — respondeu dona Suely. — Vocês, minhas queridas, não fizeram nada de errado! O senhor José Antônio confirmou que as convidou e que vocês não deram trabalho, foram muito obedientes e educadas. Esse assunto não será mais comentado. Gostaria mesmo que não falassem a ninguém. Deve ser esquecido! Vocês são alunas exemplares!

As garotas olharam umas para as outras aliviadas e tentaram se organizar para passar os dias que restavam das férias.

Algumas correspondências ficaram na escola, Paula recebeu o catálogo da editora, informando sobre os livros de Allan Kardec.

"Que delicadeza deles em me responder", pensou, "levarei a carta comigo. Assim que tiver dinheiro, comprarei toda a coleção."

Quarta-feira chegou, e, logo após o almoço, o advogado do senhor José Antônio foi à escola com todos os documentos necessários para buscar Paula. Ela estava com tudo arrumado desde cedo. Despediu-se de todas com abraços, prometendo se visitarem e corresponderem. Ao chegar perto do carro, ela viu que era o namorado que estava dirigindo o veículo.

– Valter!

– Entre, meu bem, explico-lhe tudo.

No caminho, ele contou o que o senhor José Antônio lhe deu.

– Foi um pagamento generoso! – comentou Valter.

– Acho que foi justo – opinou Paula. – Benício teria assassinado Tiago e ele continuaria pensando que Shelton era um viciado. Tudo deu certo e ele reconheceu. Fico contente por você.

Paula gostou muito de seu apartamento, estranhou por ficar sozinha. Acostumada a dormir com outras garotas, a ter tudo compartilhado, sentiu solidão, mas logo se acostumou, como também ao emprego. Aprendia tudo rápido, era competente. E os dois continuaram namorando e cada vez mais enamorados.

Assim que se tornou dono do sobrado, Valter se mudou, organizou-se, e os clientes, recomendados por amigos, pelo seu padrinho e pelo senhor José Antônio, começaram a aparecer.

– Paula – comentou Valter –, sua mãe quer falar com você.

– Não quero! Já quis muito, sonhei, quando criança, que minha mãe vinha me visitar. Agora acho melhor todos pensarem que sou órfã.

– Teme o preconceito? – perguntou ele.

– Acho que sim. Você não deu importância a este fato. E minhas colegas de trabalho? Elas talvez desistam de sair comigo. Os rapazes poderão pensar que sou como minha mãe. Todos na firma me respeitam e me tratam com carinho. Continuarão, se souberem?

— Ninguém precisa saber. Que tal marcarmos um encontro com ela em um restaurante, conversarão somente. Será bom você saber de tudo, dos fatos do passado.

— Está bem — concordou Paula —, estou curiosa para saber como ela é. Marque o encontro, e espero que ela vá vestida discretamente.

Valter marcou o encontro e foi com Paula. Ele quase não reconheceu Lalá, que veio vestida com muita simplicidade. Ele achou que ninguém a reconheceria. Lalá estendeu a mão para Paula, que a olhou, e ficou por instantes sem saber o que fazer e depois, rapidamente, apertou a mão estendida. Sentaram. Valter pediu refrigerantes e escolheu os pratos, porque as duas, caladas, se olharam, examinando. O moço achou-as parecidas.

— Peço-lhes desculpas — disse ele —, mas esqueci a carteira no carro, vou buscá-la. — Olhou para a namorada e pediu: — Conversem, por favor.

— Paula!

— Senhora!

As duas exclamaram juntas, e foi Lalá que voltou a falar:

— Eu a amo, sempre a amei. Do meu modo, acho que errado! Perdoe-me!

— Eu pensei que era órfã. Tudo está muito confuso. Talvez, se souber de tudo, possa entender. Queria saber...

— Vou lhe contar — Lalá falou devagar, como se tivesse decorado. — Minha família não era modelo de honestidade. Conheci seu pai e nos apaixonamos, ele também não era um poço de virtudes. Possuía alguns imóveis que herdei de meu pai e vivíamos sem trabalhar. Você nasceu, nós a deixávamos com uma babá para sairmos e viajarmos. Começamos, então, a brigar.

Nos embriagávamos, discutíamos, e ele me surrava. Dei queixas dele na delegacia. As brigas ficaram mais frequentes, comecei a sair com outros, ele descobriu e, em uma briga mais agressiva, ele pegou um revólver e apontou para mim. Lutamos e ele morreu. Fui presa. Meu advogado fez do pai dele seu tutor, e você foi internada na escola como órfã. Sinceramente, foi o que achei melhor. Os aluguéis que recebia pagavam o colégio e pensei que lá estaria protegida muito mais do que perto de minha família. Quando saí da prisão, quis trabalhar e planejei buscá-la quando estivesse estabelecida. Mas não foi fácil, estava marcada para a sociedade: fora uma adúltera, era assassina. Comprei um bar, que virou um cabaré. Não a queria naquele ambiente, quis algo diferente para você. Também não quis envergonhá-la. Se fosse visitá-la, todos iriam saber quem eu era, e você sofreria mais e talvez nem a aceitassem como aluna. Preferi deixá-la pensar que também eu havia morrido. Minha intenção era, quando ficasse maior de idade, seu tutor conversar com você e lhe contar tudo.

Lalá falou o tempo todo, com a voz baixa, olhando para a mesa. Não levantou os olhos nenhuma vez. Paula ficou observando-a, escutou-a atenta. Sentiu que a mãe falava a verdade, foi com certeza uma confissão difícil, em que não tentou se justificar.

"É tudo confuso", pensou a garota. "Jogo pedras? Acho que não, mas também não tenho vontade de abraçá-la. Não sei o que faço. Mas se ela está sendo sincera, é melhor que eu seja também."

– Quer mesmo o meu perdão? – perguntou Paula.

– Quero, preciso – respondeu Lalá.

– Eu a perdoo...

Lalá levantou a cabeça e a olhou esperançosa, depois de instantes fitando-se, Paula continuou a falar:

– Porém, não a amo. Acho que o amor se conquista, é convivência, é troca de carinho. Também não quero que ninguém saiba que somos parentes. Pelo menos, não agora, que me sinto sozinha, despreparada para a vida e não sei como agir diante do preconceito. Podemos nos encontrar de vez em quando, conversarmos como conhecidas. A senhora vestida assim, acho que não será reconhecida. E deixemos o tempo...

– Obrigada! Mil vezes obrigada! – exclamou Lalá.

Valter as olhava de longe, percebeu que se entenderam, voltou à mesa, e o jantar foi cerimonioso. Quando se despediram, Lalá indagou:

– Posso ajudá-la? Precisa de alguma coisa?

– Não preciso de nada, obrigada.

– Posso lhe mandar um presente?

Paula ficou sem saber se aceitava ou não, Valter afirmou com a cabeça, e ela respondeu:

– Receberei com prazer!

Paula entendeu que Valter tinha razão, fez muito bem a ela conversar com sua mãe, escutar dela o que aconteceu. Ficou mais tranquila. Porém, decidiu não falar a ninguém sobre ela, para todos era órfã.

Shelton continuou com sua rotina na colônia onde foi abrigado. Lembrava da noite em que Paula e Valter o chamaram e que ficou desesperado, quis ir, sua mãe e a equipe que socorre desencarnados em adaptação adormeceram-no, mas não dormiu tranquilo, debatia-se agoniado. É por isso que o Espiritismo recomenda não pedir nada para nossos desencarnados queridos, se eles não estão em condição de ajudar, se desesperam. Muitos saem de abrigos e depois não sabem voltar, e mesmo os que estão adaptados, que trabalham sendo úteis, ao se deparar com situações assim conflitantes, querem ajudar, mas muitas vezes não é possível. Porque não basta estar desencarnado para achar que tudo pode, existem situações em que não se pode fazer nada; em outras, não há o que mudar, e algumas vezes são assuntos que os encarnados é que têm de resolver. Quando pedimos, devemos fazer a Deus, nosso Pai; a Jesus, nosso mestre; a Maria, anjos protetores, aos bons espíritos. Com certeza, equipes de trabalhadores bondosos de desencarnados tentarão auxiliar da melhor forma possível.

Naquela noite, Shelton foi sossegando à medida que Valter e Paula pararam de pensar nele. Quando o senhor José Antônio resolveu se desculpar com ele e o fez com sinceridade, Shelton sentiu.

– *Papai acredita em mim! Ele me pediu desculpas!* – comentou ele, emocionado, com a mãe.

– *E você, filho, desculpou-o?*

– *Somente fiquei sentido na época, entendi-o e não guardei mágoa. Mamãe, senti papai orando por mim, pedindo desculpas, e eu também orei e de coração, expressei que o desculpava, fiquei tranquilo e sinto-o também.*

– *Isso é possível* – esclareceu Clarisse –, *porque sentimentos nos unem. Nós, aqui na espiritualidade, somos mais sensíveis e recebemos com mais intensidade os pensamentos bons ou ruins dos encarnados a nosso respeito.*

– *Mamãe, também senti Tiago rezando e me pedindo para ajudar seu outro irmão. O que aconteceu com Benício?*

Clarisse contou tudo a ele.

– *E como está Benício agora?* – quis saber Shelton.

– *Filho, é no momento do desencarne que recebemos as primeiras reações de nossas ações. Benício, infelizmente, foi invejoso. A inveja o envenenou de tal forma que lodeou seu perispírito. Ele o assassinou friamente, calculando detalhes. Sofri muito vendo seus planos sem conseguir fazer nada para impedir. Depois, planejou prejudicar também Tiago, que era irmão dele. Tiago não iria desencarnar, não era o tempo de ele voltar à espiritualidade. Se não fosse você ajudar, algo iria acontecer que impediria sua desencarnação. Benício cometeu muitos atos errados e acabou se suicidando. Seu espírito ficou no corpo físico, perturbado, com raiva de Elizângela e de Valter, sentido dores do ferimento. Infelizmente, recebeu poucas orações e foi sepultado junto com o seu corpo carnal. Ficou na escuridão, tem fome, sede, dores, e não consegue entender o porquê de estar daquele modo.*

— Isso acontece com todos os suicidas? — Shelton perguntou, querendo aprender.

— Não! — respondeu Clarisse. *— Impedir que um espírito continue encarnado é um ato considerado grave e matar o próprio corpo físico traz sempre consequências dolorosas. Porém, em ambos os casos, muitos fatores são levados em conta: motivos; como a pessoa estava no momento, se doente, perturbada, obsediada; se foi planejado ou um ato impensado e o arrependimento. Não esqueçamos que o ato em si, o suicídio, é grave e se vier acompanhado de outras ações ruins, a situação é pior.*

— Que diferença a minha desencarnação e a dele! — exclamou Shelton. *— E vi o acidente até quando bati a cabeça, dormi e acordei no posto de socorro, não entendi o que aconteceu comigo. Achei que sonhei com o acidente, mas não estava em casa, pensei que podia estar em um hospital e não me sentia ferido. Cuidaram de mim com carinho e, de repente, senti papai, minha irmã, sobrinhos, Tiago chorarem e lamentarem por eu ter morrido. Inquietei-me e acabei perguntando ao moço que cuidava de mim. Ele me respondeu, suavizando a notícia, que eu havia desencarnado. Aí eu quis vê-la, e a senhora veio me visitar. Lembro que chorei muito, tive pena de mim. Mas não senti frio, não fiquei no escuro, não passei fome ou sede,*

nem fiquei ferido. Fui imprudente saindo depois do posto de socorro em que fui abrigado, sem permissão. É que estava muito inquieto com a possibilidade de Benício matar Tiago. Mamãe, o que acontecerá com Benício? Poderei ajudá-lo, como Tiago me pede?

— *Você o ajudaria? Não lhe guarda rancor mesmo?* — Clarisse perguntou, contente com a atitude do filho.

— *Acho que se o vir padecendo, ajudo-o. Não posso ver ninguém sofrendo, seja esse alguém quem for que tenho vontade de ajudar. Mas às vezes, mamãe, sinto um pouco de raiva dele. Foi muita maldade ele me matar. Não tinha motivo.*

— *Ainda bem que não tinha. Triste seria se você tivesse feito algo de mal a ele a ponto de Benício querer matá-lo. Não justifica, mas ele erroneamente achava que tinha motivo: você não merecia ser filho de José Antônio nem estar vivo. Shelton, meu filho, esforce-se para não sentir raiva, rancor dele. Todas as vezes que esses sentimentos ruins vierem à sua mente, ore, lembre que Jesus perdoou seus algozes. Você, agora, meu filho, não tem como auxiliá-lo. Nem seria bom que ele o visse, poderia achar que está se regozijando com o seu sofrimento. Somente desencarnados preparados e com conhecimentos podem auxiliar espíritos como ele, e isso ocorrerá quando Benício estiver pronto para receber ajuda, isto é, quando estiver arrependido, querendo se modificar para melhor, então o socorro acontecerá.*

— *Mas, mamãe, a senhora falou que ele está perturbado, como poderá se arrepender nesse estado?*

— *Benício será desligado da matéria morta e levado para um local no umbral onde se agrupam suicidas. Ficará na zona umbralina por tempo determinado, e ali receberá auxílio e consolo de socorristas bondosos que trabalham lá, e melhorará aos poucos de sua perturbação, saberá que seu corpo físico morreu e que continua vivo. Seu socorro dependerá dele, mas se Benício não recuperar a lucidez, os socorristas saberão quando ele deve ser resgatado e levado para uma colônia. Vamos, meu filho, orar por ele.*

– Mamãe, agradeço-lhe! *Sou muito grato à senhora!* – exclamou Shelton, emocionado e agradecido.

– A melhor forma de agradecer é seguir meu exemplo! – respondeu Clarisse, sorrindo meigamente.

Shelton, tranquilo, passou a estudar e a ser útil.

Assim que Paula começou a trabalhar, fez várias amizades. Porém, insegura, temia perguntar a alguém sobre centros espíritas onde pudesse ir, mas, na segunda semana, indagou a uma colega, que respondeu que não sabia. Mas outra que ouvira, intrometendo-se, respondeu:

– Sou espírita, minha família toda é, meu avô é dirigente de um centro espírita que fica perto de onde mora. Você quer ir comigo?

– Quero sim.

Combinaram e, no outro dia, as duas foram a uma reunião. Paula encantou-se, olhou tudo com curiosidade. Era uma reunião com palestra e passe. A amiga apresentou-a aos trabalhadores da casa, e ela pediu para frequentar a reunião de estudos.

– É um lugar fantástico! – entusiasmada, ela expressou, após contar tudo ao namorado.

E os dois passaram a ir com regularidade ao centro espírita.

– Meu Deus! Sou normal! – exclamou Paula, depois da primeira aula.

Todos riram.

Ouvindo as explicações da equipe, Paula entendeu que a sensibilidade, a mediunidade, era mais comum do que pensara, não era algo raro, e muitas pessoas que ali estavam eram médiuns e todos eles lhe pareceram totalmente normais e alegres. Soube que exerciam profissões diversas, tinham famílias, faziam o bem com esse dom e, melhor, eram felizes. Concluiu entusiasmada:

— Todos normais, ninguém louco ou desequilibrado, e eu posso ser como vocês. Isso é bom demais! Falar que sinto, vejo e ouço desencarnados, e não ser chamada de mentirosa ou demente, é muito bom. Encontrei a tranquilidade!

Em uma das reuniões de estudo, falando sobre evocações, o coordenador explicou:

— Evocamos desencarnados mais do que pensamos. Ao falarmos de um desencarnado, seja bem ou não, este pode sentir e vir escutar e, às vezes, achando ruim, até revidar. Aconselhamos a não ser maledicente, a não falar mal de ninguém. Quando se chora chamando por afetos que estão na espiritualidade, estão evocando-os e, às vezes, o desencarnado, sem entender por que nem como, causa problemas para ambos, evocado e evoca-dor. Não se deve pedir nada a determinado espírito conhecido se não soubermos se ele pode atender-nos. Pedir é também uma maneira de evocar e, se o evocado não puder atender, podemos perturbá-lo, inquietá-lo e deixá-lo entristecido por não poder ajudar.

Paula pensou em Shelton.

"Desculpe-me Shelton, não quis perturbá-lo! Nunca mais farei isso."

Paula, depois de meses de estudo, passou a trabalhar com sua mediunidade e se sentiu muito bem. Teve vontade de saber de seu paizinho, perguntou ao dirigente e pediu que se o pai não tivesse sido socorrido, que pudesse receber ajuda. Em uma reunião de orientação a desencarnados, os mentores do centro espírita buscaram o genitor dela no umbral e, quando ele viu a filha, chorou muito, pediu auxílio e foi socorrido.

De garota sensitiva, tornou-se médium aprendiz do bem, estava muito feliz. Fez um painel onde colocou todas as capas dos livros de Kardec, uma gravura de uma foto dele e, no meio, a frase contida em *O Evangelho Segundo o Espiritismo*: "Fé inabalável é somente aquela que pode encarar a razão face a face, em todas as épocas da Humanidade". Ficou muito bonito, ia colocá-lo na sala, mas preferiu deixá-lo em seu quarto, acima de sua escrivaninha. E seu livro precioso ficava sempre na sua mesa de cabeceira.

"*O Livro dos Médiuns* é uma obra para ser consultada e sempre estudada", concluiu ela, com sabedoria.

Anos se passaram. Tiago realmente fez da mata que ia ser derrubada um local de lazer, plantou muitas outras espécies de árvores. Tornou-se um jovem educado e estudioso. O senhor José Antônio casou-se novamente, com uma boa pessoa, e o casal adotou dois meninos gêmeos, crianças encantadoras. Ivany não processou seu antigo noivo, para o escândalo ser ainda maior. Nelisa foi despedida, permaneceu pouco tempo presa. As irmãs mudaram para longe e não souberam mais delas.

Valter teve sucesso profissionalmente. Paula via a mãe pelo menos uma vez por mês, mas não contaram a ninguém do parentesco, o único que sabia era o namorado. Ela se correspondia com as amigas, falavam por telefone e se visitavam. Com seu bom desempenho, tornou-se secretária da diretoria, era dedicada ao trabalho.

Chegou o dia do tão esperado casamento dos jovens enamorados. Cássia, Fátima e Mariana foram as madrinhas, com seus respectivos noivos. Muitas amigas do internato vieram, todos os colegas de trabalho estavam presentes, assim como o grupo do centro espírita. O senhor José Antônio e esposa, os padrinhos de Valter e um amigo foram testemunhas dele.

Lalá, discretamente, estava em um canto. Os dois casaram no civil, em um salão de festa todo enfeitado de flores. Paula estava radiante, muito bonita e os dois, muito felizes.

Shelton, acompanhado por Clarisse, chorou emocionado ao ver seus amigos se unindo. Por um instante pensou que poderia ser ele o noivo, mas afastou rapidamente esses pensamentos.

– *Que eles sejam muito felizes!* – desejou com sinceridade o ex-fantasma da Água Funda.

O juiz de paz expôs a importância do amor que une os seres humanos e, ao perguntar a noiva se ela aceitava, de livre e espontânea vontade, Valter como esposo, Paula respondeu:

– E...

As amigas ficaram apreensivas, esperando o famoso 'assim foi', porém ela completou com segurança:

– Sim!

As garotas respiraram aliviadas. E, assim, foram felizes...

Fim

Ao terminar a leitura deste livro, talvez você tenha ficado com algumas dúvidas e perguntas a fazer, o que é um bom sinal. Sinal de que está em busca de explicações para a vida. Todas as respostas que você precisa estão nas Obras Básicas de Allan Kardec.

Se você gostou deste livro, o que acha de fazer que outras pessoas venham a conhecê-lo também? Poderia comentá-lo com aquelas do seu relacionamento, dar de presente a alguém que talvez esteja precisando, ou até mesmo emprestar àquele que não tem condições de comprá-lo. O importante é a divulgação da boa leitura, principalmente a da literatura espírita. Entre nessa corrente!

Av. Porto Ferreira, 1031 - Parque Iracema
CEP 15809-020 - Catanduva-SP
17 3531.4444
www.petit.com.br | petit@petit.com.br
www.boanova.net | boanova@boanova.net